JN000802

山本智子
［著］

# 「家族」を超えて生きる

西成の精神障害者コミュニティ支援の現場から

SETTING FREE YOU FROM FAMILY

創元社

# 序文

精神科医・臨床心理士
成田善弘

家族の形は実にさまざまである。一方の極には、両親の仲はよく、子どもは愛情深く育てられ、皆が安心して暮す場所であり、成長してそこから離れ新しい家族を作ることになっても、いつもなつかしく感じられ、困ったことがあれば戻って相談し、互いに助け合うこともできる心のふるさととしての幸せな家族がある。他方の極には、互いに失望し、憎しみ合い、傷つけ合う関係になり、家族内で暴言や暴力や虐待が生じ、ときには傷害や殺人さえ起こることのある不幸な家族がある。そしてこの二つの極の間に無数の実にさまざまな家族がある。一見幸せに見える家族の中にも実は失望や怒りが渦巻いていることもあり、不幸に見える家族の中にもあたたかい思いやりの心が潜んでいることもある。人の家族に対する気持はほとんどの場合愛憎なかばする両価的なもので、その人の成長の度合いにより、またときどきの状況によって変化もする。

本書に事例として登場する人たちは皆、家族との関係に傷ついている人たちである。そうなったのは、あるいはそうならざるをえなかったのは本人以外の家族の責任だと一方的に責めることでは問題は解決しない。本人の側の姿勢や行動に問題があることもある。なかには自分の側に責任があると感じて罪責感をもつ人もある。どちらか一方に責任があるのではなく、家族全体のあり方が問題で不幸を招いていることが多い。社会の無理解や偏見のためにいっそう不幸になってしまうこともある。

本書の著者山本智子さんが関わっているのはそういう人たちである。

自分の家族との関係、そこでの悩みや苦しみをあからさまに他人（ひと）に語ることは難しい。恥ずかしいという気持もある。語ることが心の傷をますます大きくしてしまうこともある。しかし誰かに正直に語り、その悩みや苦しみを人間的なこととして受けとめられ、これからどうすればよいかについて親身に相談にのってもらうことができれば、いくばくか気持が楽になり、関係の改善に向かって努力することもできるようになる。

本書に登場する人たちは、事例としてとり上げられることに快く同意してくださったとある。山本さんに対する深い信頼がなければ、本来他人にわかってもらうことの難しい家族内の問題を公にすることに同意できるものではない。快く同意してくださったのは、家族との関係に悩む人たちにそういう悩みをもつのは自分だけではないこと、そしてそこから脱け出すこともできることを伝えたいからだ、ということがよくわかったからであろう。

ただし、事例としてとり上げることには難しい問題もある。いくら同意があるとはいえ、その人たちが語ってくれた心の秘密をすべてあからさまに書いてよいわけではない。いざ文章になってみると、本人もそこまであらわにしたくなかったと思うこともある。その人の家族や周囲の人たちがそれを読んでどう感じるかという問題もある。なかには、自分のことを皆に知ってもらいたいからぜひ書いてほしいという人もあるが、だからといってすぐに書いてよいわけではない。そういう人のなかには、自分の心の秘密を守る能力が十分でない人もある。山本さんも真実の伝達とプライヴァシー保護のはざまで、どこまで書いてよいか悩まれたと思う。

被援助者に正直に心の内を語ることを求めるのだから、援助する側も率直に自分の気持や言動を書かなければならないが、援助者も人間であるから、ときには被援助者に対して陰性の気持を抱くこともある。そういうことも正直に語って、はじめて事例報告が真実に近いものになる。しかし、そういう報告が被援助者を失望させたり傷つけたりする恐れもある。「事例」とは被援助者だけが事例なのではなく、被援助者と援助者の関わりが事例なのである。だから援助者に正直になる覚悟がないと、事例報告がきれいごとになってしまう。

本書で山本さんは自身の気持や言動を率直に記述している。被援助者のこういう言動に対して自分はこう感じてこう応じたと具体的に書いてある。家族に対する被援助者の陰性の気持ももっともな気持として受け入れるが、彼らの言動すべてを肯定するわけではない。彼らの行動が相手の反発を買い、自身をいっそう不幸にしていることに目を向けさせる。感情と行動を切り分け、感情には賛成するが、行動には場合によって反対し、よりよい行動を共に考えてゆく。また家族の気持をも聞きとり、それを被援助者に伝えてもいる。

「はじめに」にあるように、山本さん自身家族との関係でさまざまに悩み、苦しい時期を経験されたようである。その経験が被援助者への共感を深いところで支え、援助を現実に役に立つものにしている。ただし、自身の経験をそのままあてはめてはいない。人の悩みは一人ひとりさまざまであり、自分の経験をそのままあてはめたり、誰にでも通用するような一般的な忠告をしたりすることでは解決しない。山本さんは被援助者一人ひとりの希望をていねいに引き出し、その人にふさわしい援助のあり方を模索する。

そしてその過程で、施設の職員や行政に関わる人たちなどさまざまな職種の人たちと関わり、その人たちからの期待や注文に応えつつ、チームを形成して援助に当っている。ときには、被援助者との関わりのなかで傷ついたチームの一員を支え、ときには他職種の関わりから学ぶこともある。山本さんの働いている地域ではこのような広い関わりを可能にするシステムが形成されているようである。今後このような多職種の連携、協働はますます重要になるであろう。

山本さんの関わりの根本には、人間は支え合うことで変化し成長しうるという肯定的な人間観がある。私自身年老いて病を得、暗い気持になりがちなのだが、山本さんとお会いするたびになんだか気持が明かるくなり、残された人生を大切に生きていこうと思うようになる。生きる勇気が更新される。山本さんが関わる人たちも、本書の読者も、生きる勇気と力を更新されるであろう。

# はじめに

「精神の病いを抱えて生きる」ということはどういうことなのか。

私は二十数年にわたって、発達障害がある人々や施設の職員さんたちの心理的援助をしてきた。しかし、発達障害の二次的な症状から精神障害と診断された人々や、重篤な精神疾患を抱えた人々への支援には積極的に関わろうとはしてこなかった。関わろうとしてこなかったというよりも、むしろ、関わることができなかったという方が正しいかもしれない。

## 母と私

私の母は、私を出産後にホルモンのバランスを崩し、診断はされなかったものの、いわゆる産後うつという状態になったと聞いている。父親が産婦人科医だったために、ある程度のケアはなされたのだろう。父はかなり楽観的でのんびりしていた人なので、どれほどのケアをしていたのか、今となってはわからないが、私が父の「明るさ」に助けられた部分は確かにあった。父も苦しかっただろうがそれを私の前で出すことはなかった。

母は私が思春期になる頃までは床についていることが多かったとはいえ、母親として愛情いっぱいに育ててくれた。しかし、もともとのうつ状態が改善されたとはいえず、先天的な心臓疾患に加え、私を産んだために子宮や卵巣に器質的な疾患も抱え、心身ともにかなり苦しい状態だったのだろうと思う。心身の不調から母親が寝付いているときには「今日はお母さんの具合はどうかな。機嫌はどうかな」と、学校が終わると友達と遊ぶこともなく走って家に帰っていたことも思い出す。母は具合が悪いときには、話す気力もないほど落ち込みふさぎ込んでいたが、まだ幼い私はどうしてよいのかわからず、ただ不安や恐怖の中で生きていたともいえる。

私が思春期の頃、母は心療内科のクリニックをはじめて受診した。よほどしんどかったのだろう。私も同行したのだが、母の話を聞いた医師は、母の顔を見ることもなく「う～ん、気の持ちようではないですかね。あえて言えば『なまけ病』とか」と言った。私はこの言葉や医師の態度を一生忘れないと思う。四十数年も前の話なので、その当時から比べると精神科医療も大きく変わって、今はこんなことを言う医師はいないと思うが、その瞬間、母が傷ついたのはわかったし、私も深く傷ついた。母は二度とクリニックの扉を開くことはなかった。

結局、もともと心臓の悪かった母は私が青年期の始まりの頃に亡くなってしまったのだが、私の中には、精神が不調になると、本人はもとより家族もこんなに苦しんでいるのに、頼りにした医者でさえどうにもできないのだというイメージだけが残ってしまった。これは、まだ、私が支援とか援助とかケアとかを、まったく知らない時代の話であり、今なら、もっと違う関わりができたのじゃないかとか、こんな声掛けが嬉しかったんじゃないかとか、こんな機関に助けてもらうこともできたんじゃないかなど、いろいろなことが思い浮かぶが、四十数年前には精神障害に対する偏見も大きく、ただ「恥ずかしいこと」「怖い」「関わり合いになりたくない」といった思いが一般的なものだったのだろうと思う。そして、そうしたネガティヴな一般論が私の中にも入り込み、精神障害がある人々への支援を遠ざけていたのかもしれない。もしかしたら、そんなにはっきりとした理由があるわけではなく、精神障害のある人々との関わりの中で、母との生活を追体験することが怖かっただけかもしれない。

## 「死を連れてきた」

そんな私がある日、侵襲的な大きな音や声を耳にして、いつもなら平気なのに、突然、身体がこわばり心臓が大きく波打ち、身体の震えが止まらなくなった。この頃は、すでに心理学や精神医学分野の知識があったので、いわゆる「不安発作」だということはわかった。当時、私の子どもたちが思春期真っ盛りで、私と激しく対立することもあったし、自分自身の更年期も一因なのかなとは思ったが、何度もこの不安発作に襲われるのは困ったことだとも思った。しかし、心療内科を受診する気持ちにはまったくならなかった。母のクリニックでの経験が深く私の心にしみ込んでいたからだ。

いつ襲ってくるかわからないこの発作に「困ったなあ」と思いながらも、何も打つ手は考えていなかった。一時的なものだとは思いながらも、同じような刺激を受けるたびに襲ってくる不安発作に「これはなんとかしなくては、ちょっとしんどいな」と思うようになったときに、脳裏に浮かんだのが、この本の序文を書いてくださった成田善弘先生だった。

私は発達心理学を専門としていたので、成田先生が何を専門にしておられるのかもまったく知らず、著書も読んだことがなかったが、「優しそうだし話を聴いてもらうのはこの先生だ」と思った。成田先生とは日本語臨床研究会ではじめてお会いし、研究会の後の懇親会で少しお話をした程度であったが、思い切って名古屋のクリニックに予約をとった。成田先生は遠くから受診した私を不思議に思われただろう。しかし、月に一度のカウンセリングを引き受けてくださった。初回に「死を連れてきたね」と言われた言葉が今も記憶の中に残っている。本人にはまったくその自覚はなかったが、それほど、私は追い詰められていたのかもしれない。

私が住んでいる場所から名古屋に行くには深い山の中を電車は走っていく。はじめて名古屋に行ったとき、車窓から白い十字架が果てしなく続いているのがみえた。「ここは隠れキリシタンの里だったのかな」と思ったが、後にも先にもそのとき以来、十字架を見つけることはできなかった。これが成田先生のいう「死を連れてきた」ということなのかと後から納得した。ただ月に一度三〇分のカウンセリングが成田先生の退職までの五年間続き、その中で私の不安発作は姿を消していった。これは一五年以上も前の話である。

## 誰にでも起こりえること

カウンセリングの中で、私は何を話したのだろうか。原家族のこと。現家族のこと。私の人生の方向を決めたり、他者に向かう姿勢の核となる部分には必ず「家族」という存在があった。成田先生とのセッションの中でその家族からある程度解放されたのかもしれない。そして、本著の中心となる西成における実践も私に多くを教えてくれた。それらの体験は、まだまだ澱のように内面に沈んでいた一般社会にある「家族とはこうである」といった家族神話から解放してくれたように感じる。成田先生が退職されてからもご縁が続き、精神障害がある人々への支援についてアドバイスをいただくこともあり、いまだに多くを学ばせていただいている。

精神に不調を抱えるということは、その人の自我の脆弱性もあるかもしれないが、置かれている状況やストレスがあまりに大きく自分では対処が難しい場合は、誰にも起こりえることであって、それが精神病として診断されることになる。そうであるとすれば、精神障害の症状は決して差別や偏見の対象ではなく理解の対象なのだ。私の母は、何に悩み、なぜふさぎ込んでいたのか。その背景を私は聴くこともなく理解することもなく、ただ疎ましく煩わしかった。

母にはそういった行動を通して本当は伝えたいことがあったのだろうと思う。母の置かれていた当時の生活や状況も今なら理解できる。同じ生活や状況なら私でもうつ気味になるかもしれないと納得もできる。しかし、その当時は私もまだまだ子どもで何もそういったことがわからない中で、ただ母から遠ざかりたいと思い何も理解しようとしなかった。「今なら聴いてやることもできただろうに」と申し訳なく思うこともある。そして、こうした思いがあるからこそ、今、精神障害がある人々が語る症状の背景にある小さな「声」を聴きもらさないように、耳を傾けたいと思っている。

## 精神障害がある人の語りと「家族」

多くの人々は、「精神障害は怖い」「関わり合いになりたくない」と思っているかもしれないが、その人たちの体験や思いを聴くことによって、彼らが症状に苦しみながらも私たちに訴え語りかけている、そのことの一端でもこの本の中で伝えることができたら幸いである。また、この本の題名である「『家族』を超えて生きる」ということ。精神障害がある人の語りには必ずといっていいほど「家族」が出てくる。「家族」は自分自身の核を揺らすものであるため、それを乗り超えて生きるということはなかなか容易なことではないのだ。

しかし、家族とは異なる他者や場所による関わりが、にっちもさっちもいかなくて、がんじがらめになった「家族の絆」を丁寧に解きほぐし、新しい「家族の絆」を再構築し、その人自身の人生を取り戻すことを可能にするものだとも思う。「『家族』を超えて生きる」とは決して、家族を捨てることではない。一般的な家族像から解放され、新しいその人らしい「家族」を構築し、自分自身の新たな人生を生きることである。

いったい家族とは何なのだろうか。一般社会がイメージする「幸せな家族」は、たぶん、両親がそろっていて、子どもがいて、さらに、両親はどんなときでも愛情深く子どもを慈しみ、常に思いやりをもって子どもに接し、子どもは聞き分けが良くて優秀で無邪気に笑っていて、親を思い、何があっても助け合い、崩れない。そんな幻想を「幸せな家族」としてイメージしているかもしれない。そのイメージが正しいものかどうかの内実が問われることもないままに、確かに、社会の中には、スタンダードな家族としてのかたちがしっかりと根付いている。スタンダードなかたちとしての「家族」を基準にした他者からの評価は、その基準から大きく外れる、あるいは外れざるを得ない人々を苦しめることがある。そして、その他者からの評価を内面化することによって、新たな苦しみや必要のない苦労を背負い込む場合も生じてくるのだろうと思う。

令和五年度から創設される予定の「こども家庭庁」という名称は、一般的にイメージされている家庭とは異なる場で育つ子どもたちの心にどう響いただろうか。政府は当初、名称を「こども庁」とする予定だったそうだが、政府内から「子育てに対する家庭の役割を重視した名称にするのが望ましい」などといった意見が出されたことで名称を変更したという。政治的な思惑はよくわからないが、名称を変更したからには、乳児院や児童養護施設に入所している子どもや家庭との関係が希薄にならざるを得ない子どもに対して社会が「家庭」としての役割を担わなくてはならないと思うのだが、多様なかたちの家庭あるいは家族があって当たり前だということを社会はどれほど認識できているのだろうか。文化や歴史の中で、語られてきた「家族像」「家庭像」を崩さない限り、そうではない家族や家庭を営んでいる人々を苦しめることになると思う。

特に、精神障害がある人は、家族との関係に困難を抱えている場合が少なくない。彼らが生きる世界の中で密に接することになる「他者」が家族であることが多いからだ。彼らが語る「家族」に対する語りの中で、家族に求めるものや、従来の一般的家族観や家族ならこうであるといった家族像から生じる「ずれ」が彼らを苦しめていることがある。彼らはどのように家族神話から逃れ、ふたたび社会との絆を結びなおし、自分自身の人生を拓いていく力を得ていったのか。この本では、そのプロセスをたどるとともに、援助者がどのように関わっていったのかについても語っていきたいと考えている。

「家族」を超えて生きる――西成の精神障害者コミュニティ支援の現場から【目　次】

## 終章 「家族」を超えて生きる

1

# 序章　コミュニティの中で精神障害がある人を支えるということ

## 1　精神障害者の「声」はどう受け取られるのか

### 「やはり、頭がおかしいからですかね？」

「親に逆らうなんてお前は頭がおかしいんだ。だから精神科に掛かっているんだ。」

これは、精神障害がある青年が親に反論したときに告げられた言葉である。彼はこの言葉を聞いて、頭に血が上って倒れそうになったと語った。きっかけはささいなことだったようだ。彼がアルバイトから帰宅し、あまりに疲れ切っていたのでつい自分の部屋でうとうとしてしまったせいで、家族そろって食べると決められている夕飯の時間に一〇分遅れてしまった。母親から「片づけたいから早くご飯を食べなさいよ」と言われたので「今は帰ってきたばっかりでヘトヘトだから、あとにするからほっといてくれ」と答えると「こちらにはこちらの片付けの都合がある。家の決まりが守れないようだったら二度とお前にはご飯は作らない」「自分で作れ」と母親から怒鳴られた。さらに、怒鳴りながら（彼からすると）威圧的に彼の面前に近づいてきたので怖くなって思わず母親を突き飛ばしてしまったという。それを傍で見ていた父親から「親をキレさせたらどうなるか教えてやるからな」と大きな声を出され、一瞬「殴ってやろうか」と思ったのだが、それは思いとどまったらしい。彼はそれまで親におもてだって反抗することがなかったので、親も驚いたのだろう。彼もそんな自分に驚いたのか、「自分が言っていることは間違っていますか。やはり、頭がおかしいからですかね」と私に聞いたのだが、私はその場にいたわけではなく、彼の語りからしか判断できないと断りながら、「帰宅して疲れていたら、すぐにご飯を食べるのがしんどいときがあるよね。うとうとしてしまうこともあるよね。私もそう」「でも、お母さんも疲れていたのかもしれないね」と答えるしかなかった。彼は下を向いたまま「いつか親を殺してしまうのではないか。そうなると自分も死ぬしかない」と言ったので、「親を殺す必要はないいし、あなたも死ぬことはないよ」と答えながら、やるせない思いを抱えた。

私が面談をしている精神障害がある人々の場合、こういった親子の対立の中で、「殺す」「死ぬ」という言葉が出ることは珍しくはない。でも、これはたぶん、精神障害がある人たちだけに特徴的なことではなく、子どもがまだ思春期だったり青年期だったりして、そういった言葉の使用に対するハードルが低く、他者を思いやる心が未熟な場合にはよく聞かれる言葉でもある。私は仕事柄、小学校や中学校に伺うことがあるが、あちらこちらで「死ね」とか「殺すぞ」といった言葉を聞くことがあるので、一度、「なんで、そんな言葉使っているの？」「人の命に関わることだし、怖くない？」と聞いたことがある。聞かれた生徒たちは「え？　挨拶みたいなもんやで」と怪訝そうに私を見るので、彼らにとっては「挨拶なんだ」と驚いた。

さきの青年に話を戻すと、彼が一番こたえた言葉は「親に逆らうなんてお前は頭がおかしいんだ。だから精神科に掛かっているんだ」であった。実際に彼はうつ病で精神科に掛かっているので、そこは正しいのだが、「親に逆らうなんてお前は頭がおかしいんだ」の部分にひっかかったのだと思う。これも、私が心理的援助をしている精神障害がある人々との面談の中でよく語られるのだが、「お前は頭がおかしいから、親の言う通りしといたら間違いない」と言われるとか、「精神病だから、まともな考えは持ってないから、お前の言うことは誰も聞いていない。黙っときなさい」と家族から言われて、本人たちも「本当にそうなんでしょうか」と怒ったり、がっかりしている様子をみせることがある。私はそういうときに「そんなことはないよ。だって、私とはこうして話をしているし、あなたから教えられることも多いよ」と答えることにしている。実際、そうなのだ。彼らは周囲が思っている以上に自分の内面を見つめてきた経験からなのか、私たちが忘れている「生きることの意味」や「人生において大切なこと」をしっかりと根底にもっていると感じることが多い。

## 「僕が言うことは誰も聞いてくれない」

ある別の青年が面談の中で「人の目が気になって、人のことばかり気になって。生きているのがしんどいです」と言うので、私は「年齢にもよるのかな。私なんか、苦労もたくさんしたけど、今となっては、人が何を思おうが、まったく気にならないし、どうでもいいというか。変な人って思われているかもしれないけど、『だとしても大丈夫』って開き直って生きてるよね（笑）」と答えたことがある。すると、その青年は「それは山本さんが自分に自信があるからだと思います。人は自信があればそう思うんだと」と言うので、「う～ん、そうかなあ。自信、あるかな。どういうとこ？」と聞くと、「そうですね。きっと肩書ではなくて、そのプロセス。頑張ってきた自分に自信をもっているんでしょうね」と言われ、彼に指摘されるまでそういうことを思ったこともなかったので、「そうかあ。苦労もいっぱいあったけど、それでも頑張ってきた自分に自信がもてているのか」と教えられた気がした。「あなたが言ってくれたこと。自分ではそんな風に考えたこともなかったからびっくりしたけど、すごく嬉しい」と言うと、彼は「良かったです。こういうこと、（自分の）ひとつの自信になりますね」と笑った。彼は二〇代の初めから、精神科病院への入院を繰り返し、十数年を精神科病棟で過ごしていた。「僕が言うことは誰も聞いてくれないし、相手にもされていないんです。病気だから」と、退院後にも家族からは距離を取られたそうで家庭に引き受けてもらえず、そのまま福祉施設に繋がり、私のところに来た人である。

「精神障害があるから誰も何もまともに聞いてくれない」。面談の中でこういう言葉を聞くたびに、私は『ヴィータ　遺棄された者たちの生』（ビール、二〇一九）に出てくるカタリナの話を思い出す。ヴィータは、南ブラジルのポルト・アレグレ市にあるアサイフム（保護施設）である。この保護施設には、薬物依存者・アルコール依存者のリハビリセンターがあったが、やがて、家族とのつながりを絶たれた人々が来るようになった。精神を病んだ人、病人、失業者、ホームレスなど、社会との絆を絶たれた人たちが置き去りにされ、「死を待つというよりも、死とともに終わりを待つ場所」と言われている。この本の中では、その場所に収容されているカタリナという女性への著者の関わりや語りが紹介されている。カタリナは保護施設で何度も自分の症状を訴えたが、その声に耳を傾けられることはなく、治療も行われなかった事実を文化人類学の立場から描いているのだが、その本の中に書かれていた言葉が深く心に残った。彼女はその保護施設の中で「生きているのに死んでいる―外は死んでいるけれど、内は生きている」と語り、彼女を取り巻く周囲の人々は「カタリナのいうことに意味なんかない。彼女は頭がおかしい」と言ったという（ビール、二〇一九：一三）。

「おかしい」という言葉が具体的に何を意味するのかはその人の置かれている状況によって異なるのかもしれないが、ほとんどの場合、たぶん、「まっとうなこと」を語っていても、精神障害というラベルのせいで、彼らの「声」が人々に届かないのかもしれない。まっとうなこと、必要なこと、伝えたいことであったとしても、精神障害だからと切り捨てられているのであれば、私たちが学ぶものもそこから零れ落ちていっているのだ。

## 2　症状は何を伝えようとしているのか

### 精神障害のある人々との出会い

人は症状を通して自分の内面を表現しようとしているのだと感じることがある。私は大学の授業で、精神障害者への理解と対応について教えている。一般の人たちもそうなのだろうが、授業を始める前は学生も「精神障害の人からはちょっと距離を置くことがある」と言うことが多い。その理由を問えば、電車の中や街中で大声で叫んでいる人を見たりすると、とにかく「怖い」「関わり合いになったらえらいことになる」と思うからだそうだ。そんなとき、私は「たとえば、電車の中で大きな声で叫んでいる人のすべてに言えることではないけど、もしかしたら統合失調症という病いがあって、その症状の一つに『幻聴』というものがあって、その幻聴はかなり苦しいものだ」と、その症状について説明することにしている。たとえば、幻聴はその人にしか聞こえず、当事者の人に聞くとたいがいが、「お前は生きていても仕方がない」「馬鹿じゃないか」「死んでしまえ」などの自分を責める言葉だったり、罵る言葉だったりするのだという。その頭の中で響く自分を否定したり攻撃したりする声に対して、「何を言うんだ」「お前の方がおかしい」など音声化した言葉で言い返すと、その音声化した言葉だけが周囲の人に聞こえるので、「なにか物騒なことを叫んでいる人」「関わり合いになりたくない」ということになるのかもしれないといった話をすると、学生は「あ～そういうこともあるのか」と思うようだ。

学生たちは、精神障害がある人との関わりが少ないため、こうした感情を抱くことがあるのだと思う。そのため、授業で教えるだけではなく、実際に精神障害がある人々に会ってもらいたいと、私は希望する学生を連れてある精神科病院の当事者研究会に参加させていただいていた。その体験を学生たちと一つの論文にまとめたものがある（山本・富田・川浪、二〇二〇）。

執筆者である一人の学生は訪問前にはかなり緊張が高く、精神障害者に対して「少し怖い人」「何を考えているのかわからなかったり、機嫌が良いと思ったら急に怒鳴ったり、無茶苦茶にヒステリーを起こしたり、急に訳が分からない行動を起こす人がいるのではないか」と考えていたと語り、精神科病院に対してもかなり偏見が大きかったという。こういう話を事前にも聞いていたので、彼が参加したいと聞いたとき「そんなことを言いながらもよく参加する気になったな」と思ったが、訪問後の語りを聴いて「自分を変えたいと思ったのだろう」と納得した。当時、彼は進路に悩んでいて、それを聞いた当事者研究会のメンバーから「若いんやもの。なんでもできる」「誰に何を言われても、自分の道を進むんや。おっちゃんらは応援してるからな」などと親身になってアドバイスしてもらったことをとても感謝しこう語った。

「私は、今回の研究会で出会った精神病患者の方々はみな、他人の痛みにとても敏感な方々なのだということがわかりました。…（中略）…訪問する前に思っていた「精神障害者は怖い人」

「危ない人」だというイメージとはまったく正反対の、普通の人たちよりもはるかにやさしくて、良い人だというイメージを強く感じたのです。…（中略）…当時自分が抱えていた悩みを少しだけ聴いてもらいました。どんな反応をされるのか不安に思いましたが、その日初めて会った私に対して、患者さんたちは、私が抱えている悩みやつらいことに、一つ一つ相槌を打ってくれ、その悩みに共感してくれたのです。患者さんたちの私に対する温かく真摯な思いは、私が最初に思っていた精神障害がある人たちへのイメージとは全く異なっていたのです。私は彼らと交流することで、前から持っていた精神障害者へのイメージを変えることができましたが、それだけで、精神障害を持った方や彼らが置かれている状況について完全に理解できたとは思っていません。もちろんそれぞれ人によって症状や状態は全く異なるはずだし、私が今回交流した方以外の人々がどんな状況に置かれているかは単に想像することしかできません。そのため、私は、精神障害についてもっと深く知る理解が欲しいと思っています」（山本・富田・川浪、二〇二〇：一〇六）。

もう一人の執筆者も当事者研究会を振り返ってこう語っていた。

「…（前略）…生きているうちにそれぞれいろんな価値観を持つし、バイアスのかかった目で見てしまうことは仕方ないことだと思います。しかし、自分の中にも偏見の意識が眠っているのだと自覚し、いろんなことを理解し、受け入れようという姿勢が大切なのではないかと考えました。知らないものを怖いと思うのは当たり前のことなので知ろうとすることが大切だと思います。みんなが病気について正しい知識を持ち、お互いのことを尊重して生きていくことができればもっとより良い社会が築けるのではないでしょうか」（山本・富田・川浪、二〇二〇：一〇九）。

精神障害のある人々との出会いの中で、精神疾患がもつ症状について正しい知識をもつことによって、彼らへの偏見をなくし、お互いを尊重しながら一緒に生きていくことができるということを彼らは学んだのだ。[1]

### 彼らが生きてきた歴史

精神障害に対する差別や偏見はいまだ強い。なぜなのか。一つには彼らが言うように、正しい知識がないことが大きい。それと同時に精神障害者が「わからないもの」「危険なもの」として遺棄され、隔離・収容されてきた暗黒の歴史が人々の心の中にまだまだ根強くあるからなのかもしれない。

昨年、一昨年と私は沖縄に「私宅監置」の調査に行ったが、精神障害者の暴言や暴力に苦しむ家族が近隣に迷惑を掛けてはいけないと狭い小屋に隔離していた跡地を見た。「私宅監置」は一九五〇年（沖縄では日本に復帰する一九七二年）に廃止されているが、一九〇〇年に制定された精神病者監護法に基づき、警察や保健所に届け出て行われ、幻覚妄想などの症状で異常行動を起こす人が強制的に管理されたものだという（原、二〇一九）。私宅監置の跡地を見て、私は素朴に悲しかった。「守られなかった人権」という問題の重さにも心が痛んだが、その跡地を前にして私は素朴に悲しかった。台風の多い沖縄で、人家から離れた小さな小屋で暴風にさらされ一人きりで耐えなくてはいけなかった精神障害者はさぞかし心細く怖かっただろうと思ったからだ。そして、適切な治療を施されることもなくそこで人生を終えていった人々がいたという話も聞いた。適切な治療を受けていれば地域で暮らせていたはずの人々が、そこで亡くなっていったという話を聞き、その人たちの悔しさや心細さに胸が痛んだ。「知らない」ということ、「知ろうとしない」ことは人の人生さえも大きく変えてしまうのだと思った。

精神障害を理解するとは、その症状を理解することでもある。もっといえば、その症状が伝えたい何かを受けとることである。統合失調症のある女性は若い頃から幻聴に苦しんできた。かなり寛解しているとはいえ、たまに「お前なんか最低だ」「お前の考えていることはすべてわかっている」などの声が聞こえてくることがあり怖くなるという。当事者研究会に参加するようになってそれは「幻聴」という症状なのだと理解したものの、あまり調子がよくないときなどはその声を聞くと、電車の中でも恐怖で身体が大きく震えてくることを抑えきれないと語っていた。そして、外側からその様子を見た人々には「常に身体を動かしているおかしな人」と映っていたのかもしれない（山本・富田・川上、二〇二〇：一〇九）。

統合失調症の人々に話を聴くと、聴こえてくる幻聴は常に彼らを責めたり、馬鹿にしたり、脅したり、怖いものであるという。私は彼らとそんな話をしながら、「楽しい幻聴だったらいいのにね」と笑い合うのだが、もしかしたら、幻聴が表すような、そんな現実を彼らは生きていたのかもしれないと思うこともあり、笑い合いながらも、心に何かが突き刺さるような痛みを感じるときがある。

## 3　精神障害がある人にとっての「家族」

この本を書くにあたり、話を聴かせてくれた二人の語り手の話をしたい。彼らは支援の枠の中にはいないので、事例としては紹介していないが、私が「家族」をテーマにしていると聞き、調査に協力してくれた。

### 「機能していない家庭」

一人の青年（二〇歳代前半）は医師から「軽いうつ状態」と診断され、現在抗うつ剤と睡眠導入剤を処方されていると語った。

「僕が調子を崩すのは、年末・年始なんですよね。なぜだかわかりますか。」

彼は実家を離れ、大学がある街で一人暮らしをしている。同じように一人暮らしをしている周囲の友人や仲間は年末・年始には当たり前のように実家に帰っていくのだが、自分には帰るところがないから「調子を崩してしまう」という。親の離婚によって「帰る場所がない」という現実を突きつけられるように感じるからだ。「お母さんのところに帰ることもできるのじゃないの」と聞く私に「そこはすでに家庭じゃないんですよね」と言う。彼の両親は彼が小学校のときに別居し、最近になって正式に離婚をした。理由は明らかに父親にあったそうなので、父親には会いたくないし、一生許すことはないという思いが強い。成人になっているとはいえ学生という身分のため、いまだ経済的には依存しているので、父親が電話を掛けてくることがあるが、着信拒否をしているという。「父親には自分の人生に関わってもらいたくない。自分が押し曲げられるようで苦しい」と語る。「何に対して許せないの?」と聞くと、「それまであった家庭を崩した張本人だから」ということであるが、別居や離婚というのは世の中には珍しいことではない。なぜそこまで憎むのか。彼にとっての「家庭」とはどのようなものなのか。彼が言うには「家庭」とは、「機能しているもの」であって、機能していない家庭はもはや家庭とは言えないという。その原因を作ったのが父親なので許せないということなのだ。話を聴くと、別居の前までの彼の家庭も決して円満ではなかったというが、それでも機能していたと感じていたのだろうか。何かしらの苦労や対立を含みながらも、形として「連続して維持されている家庭」であれば、それだけで子どもは安心するものなのだろうか。そこにまた機能を復活する可能性を秘めているという意味においてはそうなのかもしれないが、争いや対立が繰り返され形だけ維持されている家庭だとしたら、果たして子どもにどれほどの安心を与えることができるのか。

彼は親の離婚によって、「x軸とy軸、あるいはz軸が人の人生を形成しているとしたら、その原点（000）が僕にはない感じなんですよね」「もう無いんだ。小学校のとき、父親と母親が自分たちの都合で別居したときに、その原点が無くなり、原点が無くなったことで僕の精神の不調が生じていると思うことがある」と語った。私はその原点の喪失は家庭の喪失と必ずしも重ならないものだと思いながらも、彼のうつ状態はそこに原因があると感じ帰属させていることから来ているのは確かなのだろうと感じていた。最後に彼が語ったこととして、福山雅治主演の「そして父になる」という映画は苦しくてどうしても最後まで観られないそうだ。自分は父という存在にはなりたくないし、なれないと思っているのだ。今は。

## 関係性のおかしさに気づく

もう一人は三〇歳代後半になる女性である。家族関係が原因で長期にわたって苦しんできたが、そこを多少なりとも乗り越えたと語る。彼女は幼いころから父親がアルコール依存症だったために、家の中では常に両親の争い、父親からの暴力にさらされていたという。その中で妹二人と弟を守るために必死だったそうだ。

「（父親は）自分がとりあえず呑みに行きたい。でも、お金がない、思うようにいかない、暴れるみたいな。だから、あの、一番、自分の中の古い記憶いうのが、夫婦喧嘩、親の。で、もうもの投げてるというか、父親が。そこらじゅうの机ひっくり返すみたいな。たまに、

（父親がほかの人から）旅行に誘われたら行きたい、呑みにいきたい、お金がないとなったら、普通、子どもが親の財布から盗むいうのがあるけど、子どもの財布からとっていく親だったので。うち、逆やったんですよ。」

父親は自営業をしていたため、日中も家にいることが多かったという。常にお酒が呑みたいため母親との争いが絶えなかった。「どうして離婚しないのか」と母親に聞いてみたことがあったそうだが、「あんたたちのために我慢しているんだ」と言い、「我慢してやっているんだから私の言うことを聞け」と子どもたちを支配しようとする母親も疎ましかった。彼女もその当時は若かったこともあり、「この家は狂っている。家中が狂っているんだ。だから、自分で終わりにしなくては。いつか親の前で自殺してやろうと思っていました」と語った。

彼女の両親は、一番下の弟が就職するのを待って離婚した。「両親がそろっていないと就職に不利になったらいけないから」という母親の思いからだったそうだ。「ついに離婚したんだ」と思いながらも、「スタンダードな家族から外れてしまったんだな」と複雑な思いを抱えたという。

彼女は家族に何を求めていたのかという私の問いにこう語った。

「家族はよく助け合うものだ。支え合うものだと言われていると思うのですが。見返りを期待せず、そういうものだと思うのですが……。家族ってひとつ屋根の下で暮らしているっていうイメージあるんですけど、離れてても、ま、血はつながっている。一緒に住んでるからいいとは私は思ってなかって。そりゃ、一緒に住んでて欲しいとは思ったけど、それが必ずしも幸せかってていえば、そうじゃなかったし。でも、小さい頃は、そこはたぶん、離れてたら家族とは思えてないですよね。離れてたら家族じゃない、小さいからそこはわからない。でも今は大人になって、離れててもつながるものがあるのが家族なんだろうなって思いますよね。残念ながらうちはつながるものがないから一緒に住んでいても家族とは思ってないですけど（当時母親と同居）。母親には絶対に腹（本音）をみせないんで。でも、この調査の中で気づいたんですが、うちの家族は結局みんなが『被害者』だと思っていたんですよね。家族は本来『被害者』も『加害者』もいないはず。いたらいけないと思うんです。それはもはや『家族』ではない。もし、今、誰かが家族の問題で苦しんでいるとしたら、その関係のおかしさに気づいてほしいと思うんですよね。子の立場で、機能不全家族から脱却したいと思うなら、その第一歩はその関係性のおかしさに気づいてほしい。家族は生まれたときから当たり前だからそれが普通だと思うかもしれないけど、実はそうではない。そのおかしさに気づくことからちょっとずつ楽になっていくということがありますよね。」

彼女は物心ついてからの三十数年、家族の問題で苦しみ、やっとそれに答えを出せたような気がすると語った。そして、彼女はそう気づいたとき、自分の家庭をもつことができそうだと語った。この面接調査が終了したその冬に長年のパートナーと籍を入れた。

## 自分の人生を生きる

語りを聴かせてくれた二人が語る「機能不全家族」について、成田（二〇〇五：二〇―二一）は診察室に訪れる青年たちが使う「アダルト・チルドレン」という言葉を例に挙げ、他罰的志向や診断名の危うさについて触れている。成田は、確かに親が親役割を果たさなかった家族の中で育つ子どもが青年期以降、不適応状態を示すことがあり、診察室の中で「自分は悪くない。悪いのは家族だ」と訴えることがあるという。しかし、自分を「被害者」だと規定すれば、自己の内なる欲動や空想に気づく必要はなくなり、自己が変化する必要もなくなる。ここには「悪しきものは自己の内部にあるのではなく外部からくる」という古代の精神病観に似た思想が見え隠れすると指摘している（成田、二〇〇五：二一）。これは、後者の語り手が言うように、親との関係の中で苦しみ、長い時間が掛かったけれどもその苦しさがどこから来ているのか見つめることによって、「誰が被害者でも加害者でもない。そこで起こっていた家族力動がおかしかったのだ」ということに気づき、楽になっていったことと重なるように思う。

「家族」あるいは「家庭」という言葉は不思議なものである。そこにあるかどうかはわからないとしても、その言葉に安心や温かさを感じるからだ。だからといって、子どもの不適応状態や精神症状が家庭のその安心や温かさが欠如しているからだとは一概に言えるものではない。精神障害がある子どもをもつお母さんから面談の中でよく言われることに「子どもがこんな風になったのは私のせいなんです。後悔してもしきれない」という言葉がある。そんなときには「不適応や精神障害に影響する要素はたくさんあって、お母さんひとりが子どもを精神障害にする力なんてないですよ、大丈夫」と答えるようにしている。レインら（一九七二）やベイトソンら（一九八九）を始めとする研究者らも家族力動に注目しているが、それだけが全てでもない。

私が出会った精神障害がある人たちはいまだ社会に出て、他者との絆を結ぶ機会に恵まれているとは言えない。だからこそ、家庭内で家族に依存しつつ、その関係件の中で満たされていない自分や実現したい自分を「症状」という形で訴えてくることがある。「お前のせいだ」と親を罵ったり、暴力を振るうこともある。そうした関係性に家族も疲弊し、ますます関係が崩れていく事例をたくさん目にしてきた。しかし、彼らに直接話を聴くと、「親のせいでこうなった」「親がわかってくれないからこうなった」などと語りながらも、本当はいろんなことを考えていて、「親のせいって思った瞬間に自分のせいになるのは知っているんですけどね」「依存してるからついつい、八つ当たりってこともありますよね」と語ることもあり、自分の苦しさが親のせいだけではないことを知っていることもわかる。

ただ、彼らが共通して語る言葉の中に、「安心できる場所」「温かい関係」への希求があり、それらの光を求める声が彼らの内面の奥底に眠っているということを伝えてきていることがある。だとすれば、彼らが求める「安心できる場所」「温かい関係」を援助関係の中で可能にすれば、彼らが自分の人生を取り戻していく一助になるのではないかと思う。そうした安心や温かさは必ずしも家族からだけ与えられるものではない。家族とは異なる他者との関係の中で生じてくることも少なくない。援助関係においては安心感のもてる温かい関係の中に援助を必要とする人々が住めるようになれば、家族への意味づけも変わっていくのだろう。

「『家族』を超えて生きる」というこの本の中に出てくる人々は、援助の関係の中で自分の内面をみつめ、育ちなおし、自分の人生を生きようとし始めた人々である。彼らの語りはいったりきたり、前に進むと思えば後ろに後退し、簡単に進むものではなかったが、それでも諦めることのない援助者がずっと傍で彼らを支えた。しかし、援助者との関係もスムーズにいったとはいえない場合もあり、そんなときには、援助者も疲弊してしまうこともあっただろう。それは、援助を受ける人が、かつての親との課題を援助者との関係に持ち込むこともあったからかもしれない。サリヴァンのいうパラタクシス的婉曲[2]が生じる場合もなかったとはいえない（サリヴァン、一九八六：五〇）。しかし、もし、こうした歪曲が生じたとしても、援助者は彼らの言葉を通して本当に伝えたいことを受けとろうとしながらも二者関係に閉じない援助がそこにあった。これは、私自身との二者面談であったとしても、相談者との間に「共通の目的」を第三者として置くようにし、二者の関係に閉じないように試みているのと同様に、その人を取り巻く多くの援助者が自分たちの役割の中で彼らを援助しようとする「コミュニティ支援」のネットワークを構築しているからに他ならない。

後者の青年が語ったように、家族の誰もが「被害者」でも「加害者」でもなく、その関係性あるいは家族力動が彼らを苦しめる原因となっているとしたら、新しい関係性、今度は援助力動になるのだが、それらが彼らを苦しみから解放する一助となっていたのだということを、第1章から第5章で紹介する精神障害当事者の方々や援助者との対話やコミュニティ支援の在り方を通して伝えることができれば幸いである。

## 4　大阪市西成区での実践の中で語られた「語り」から学ぶもの

この本の中では、私がフィールドワークをしている大阪市西成区にある施設で出会った人々の中で、本書の趣旨を理解し快く協力してくださった方々の語りを紹介している。それに先立って、私がその施設でどのような仕事をしているのかについて別稿で少し述べているのでそれを引用したい。

私は二十数年間、他の地区にある知的障害者自立支援施設で心理的援助や施設全体のスーパービジョンをしてきた。西成区には九年前から大阪市の発達障害者支援センターから派遣され、ある障害者自立支援施設で活動を始めた。そこでは「施設全体の動き方や環境調整、その施設を利用する人々や職員への心理的援助や研修を通して、利用者と職員、異なる部署によって切り離された施設全体を繋ぐという仕事をしている。この施設は、基幹相談支援センター、子どもを対象とした放課後等デイサービスや療育相談室、子育て支援相談機関、成人の生活介護事業所、就労支援A型・B型、発達障害支援センター、引きこもり・不登校支援、精神障害者地域活動支援センターや居住支援などを運営するかなり大きな施設である。そして、ここを利用する人も、障害があるだけではなく、被虐待児や薬物依存、触法など他の福祉施設や司法から繋がってくる人も少なくはない」（山本、二〇二二：一六三）。ここで述べているように、多様な事情をもち、多様な障害や症状がある人々がこの施設を利用している。

今回、協力してくれた人々も精神障害者保健福祉手帳を持ちながら、この施設を利用している人々である。例えば、この本に協力をしてくださった当事者の中には、就労支援A型を利用している人もいれば、生活介護事業所、あるいは精神障害者地域活動支援センターを利用している人もいる。そして、そのときどきの精神の状態によって、利用を休んだり、利用する事業所を移動したりもしている。ただ、共通しているのは、精神疾患があるために社会生活、日常生活に困難が大きいため、行政のサービスを利用しなければ今は地域で生きていくのが難しいが、将来は地域の中で暮らしていきたいと願っていることである。

西成区における援助の基本はコミュニティ支援である。前述したように、担当は確かにいるのだが、一人の職員が一人の当事者を抱え込むということをしない。たとえば、心理的援助として、私は心理面談を行うが、その中で語られたことをもとに環境調整をすることもあるし、援助者と上手くいかないと語られる場合は、語った人の了解をもらって関係調整をしたりもする。

いずれにしても、人が生きることの多様性をお互いに認め合う中で、「あなたは一人じゃない」「みんながあなたを見ているんだよ」「みんながあなたの生きたい人生を支えようとしているんだ」という、西成区の援助者の思いが、どのような援助実践を可能にし、援助される人々の新しい世界を拓いていったかについて伝えることができたら幸いである。

そして、これは、精神障害がある人やその周囲の援助者だけではなく、これまで精神障害者との関わり合いのなかったすべての人々に向けた本でもある。彼らの語りを聴いて、誰にでも起こりうる病いを生きるということがどのようなことであるのかについて、少しでも心を寄せていただけたらこんな嬉しいことはない。

**注**

（1）　精神障害と精神疾患の違いについて少し説明をしておくと、一般には明確に使いわけているとはいえないかもしれないが、精神障害者とは精神疾患があるために日常生活や社会生活において困難がある人々のことをいう。そのため、精神疾患がある人の全てが精神障害者ではない。精神障害者と認定されれば手帳が発行され、施設や行政のサービスを受けることができるようになり、困難を乗り越えるための社会的資源が使えるようになる。

（2）　サリヴァンのいう「パラタクシス的歪曲」とは、精神医学的面接の中で、被面接者が精神科医を別人に置き換えてしまうことだという（サリヴァン、一九八六：五〇）。つまり、精神医学的面接で生じる「転移－逆転移」のことを差しているのだと思うが、単なる被面接者と医師との関係の中に、かつての「誰か」との関係を持ち込み、解決されていない課題をそこで生じさせてしまうのが「パラタクシス的歪曲」である。さらに、中井久夫は、このパラタクシス的歪曲を転移の概念を用いてこう述べている。「転移とは過去の対人関係、特に重要人物との対人関係を、当時認知した様式を多少とも残しながら、現在の対人関係の上に重ねて認知し、実感し、その認知と実感とにみちびかれた行動様式と行動内容とが現在の対人関係としての行動様式と行動内容とに多少とも重なり合い、それにともなう歪曲と混乱とが生じるという事態である」（中井、二〇一二：一〇二）。

## 引用文献

ベイトソン、G／ロイス、J　佐藤悦子／ボスバーグ、R（訳）（一九八九）『コミュニケーション――精神医学の社会的マトリックス』思索社
ビール、J　桑島薫・水野友美子（訳）（二〇一九）『ヴィータ――遺棄された者たちの生』みすず書房
原義和（編著）（二〇一九）『沖縄・台湾・西アフリカ――消された精神障害者「私宅監置」の闇を照らす犠牲者の眼差し』高文研
レイン、R・D／エスターソン、A　笠原嘉・辻和子（訳）（一九七二）『狂気と家族』みすず書房
中井久夫（二〇一二）『「伝える」ことと「伝わる」こと』ちくま学芸文庫
成田善弘（二〇〇五）『治療関係と面接』金剛出版
サリヴァン、H・S　中井久夫・松川周悟・秋山剛他（訳）（一九八六）『精神医学的面接』みすず書房
山本智子（二〇二二）「子どもの育ちを支える――大阪・西成のフィールドから」『臨床心理学』第二二巻第二号、一六三-一六六頁
山本智子・富田たまき・川浪瑞己（二〇二〇）「当事者との対話を通じて「精神障害」を捉えなおす――精神科病院での「当事者研究会」から学んだこと」『近畿大学教育論叢』第三二巻第一号、九七-一一〇頁

# 第1章　離れたからこそ「家族」になれた

## 1　ゆりさんとの出会い

### 生きていても仕方がない私

「私、みんなに迷惑を掛けてばかりで、なんか、おらんほうがみんなのためになるんじゃないかと思うことばっかり。」

初めての面談のときにゆりさん（仮名）は小さな声でそう言った。私はその言葉を聴いて思わず、「いないほうがいい存在なんてこの世にはない、ほんとうに。ぜったい」と、心理職が使わないであろう「ほんとうに」「ぜったい」という言葉で応えてしまった。当時のゆりさんは三〇代半ばであったが、とても幼く見えた。摂食障害も併存しているため、体格も少女のようで、綺麗に切りそろえられたボブヘアが似合う透明な雰囲気をもつ人だった。また、面接終了時には消失していたが、この当時は首が左に大きく傾いて固まっていた。何回かの面談のときに、この斜頸についてためいきをつきながら「痛いしうっとうしいねん。でも、お医者さんが言うには薬のせいの『ジストニア』やから治らないらしいねん[1]」と言っていた。

最初の対話に話を戻すと、ゆりさんは私の言葉を聴くと嬉しそうに笑いながらこう語った。

「そうなんですかね……。でも、（あなたが）年代が違う人で良かったわ。同じくらいの人の面談だと自分と比べて悲しくなるから。それに話しやすい人で良かった。はじめての人には過緊張で、自分がどんな行動にでるか心配だったけど、本当に良かった。」

ゆりさんは心底、安心したようにそう語った。私は面談で「年代が違う人で良かったわ」と言われたのは初めてだったので、その言葉にゆりさんがどういう世界の中で生きてきたのかが少し見えたような気がした。

私との面談は、担当職員から「うちの施設には、悩みの相談を聴いてくれる人がいるけど、話してみる?」と言われて、「それなら行ってみようか」と始まったもので、当時それほど積極的にゆりさんが希望したわけではなかったようだ。こうしてゆりさんと出会ったのだが、それからの四年間、月に一～二回ではあったが、一時間余りの面談に付き合ってくれ、いろいろな話を聴かせてくれた。

これは精神障害がある人の話を聴いているとよくあることで、ゆりさんの診断名もその時の症状によっていろいろ変わっている。今は統合失調症と診断されているそうだ。このことに関して本人は、インターネットや同じ病気の人からの情報から「統合失調症のお薬が出てるから診断名がそうなってるんやと思います」と言っていた。「なんかちょっと違うんじゃないかなあと自分では思ってますけど」と診断名には懐疑的ではあるが、しんどいことは確かなので、通院して投薬治療を続けているそうだ。現在は障害がある人が利用するグループホーム（以下、GH）(2)に入居して精神障害者地域活動センター(3)を利用している。精神障害者保健福祉手帳の等級は二級である。

私はどの人に対してもその人の診断名に焦点を当てた関わりをしないようにしているが、面談の前には統合失調症の理解と適切な対応についてはしっかりと頭の中にいれて臨んでいた。ゆりさんは「人の目が気になって被害妄想が強いところがある」と言っていたので、人との関係の中でしんどさを抱えているのは確かなんだろうと思っていた。

**ゆりさんの生い立ち**

ゆりさんのこれまでを少し話したい。ゆりさんは近くに住む祖父母や両親からかわいがられ幼少期を過ごしたそうだ。しかし、小学校低学年のときに両親が離婚したため、母一人子一人で暮らすようになった。二人きりの生活にはなったものの、母親も若いのであちこち一緒に遊びに行ったり、馬鹿げた話で大笑いしたり、友達と共同生活をしているようで父親がいない寂しさは感じないどころが、かえって楽しかったそうだ。ところが、小学校高学年になったときに母親が再婚。それまでの楽しい二人暮らしから新しい父親と三人の少し気をつかう生活が始まった。

「お父さんとお母さんが離婚したことはいいねん。仕方がないことやから。なんか理由があったんやろって思うから。それに（母親の）再婚自体は母親の問題やから、私がどうこう言う問題じゃないんやけど、ともかく、すごい嫌やった。お母さんが再婚したってことは、いままでの人生の中で一番引っかかっている」と言い、このことが母親や預かってくれる祖父母との喧嘩の原因になることも頻繁にあったらしく、「自分は母親の再婚に振り回されたと思っている」と語る。

新しい父親はゆりさんにとても良くしてくれたらしい。しかし、再婚当時はゆりさんだけが祖父母宅に預けられ、新しい父親と母親だけで外食や旅行に行くこともあり、家族の中で自分だけが「除け者」にされたような寂しさを抱えていたという。新しいお父さんに母親を盗られたような気がしていた。「お父さんはいい人やねんけどね。なんかそう思ってたんよね」という。その寂しさから、中学、高校時代は仲間と夜中に遊びに出たり、タバコや酒も覚えたりしたそうだ。「めっちゃ、ヤンチャやったんですよね、私」と笑いながら言うが、ゆりさんは必死で自分の「居場所」を探していたんだろうなと思った。その頃は、外ではやんちゃ仲間といろんな遊びを覚え、家では母親への暴力行為や破壊行為、母親の前でリストカットを繰り返すようになってきたという。この頃に最初の自殺未遂も起こしている。この当時、すでに「生きていても仕方がない私」と思っていたのであろうか。

**ゆりさん**：母親が玄関とかにいるじゃないですか。後ろから「お母さん」て呼ぶんですよね。そしたら振り返るじゃないですか。その瞬間に、思いきり腕を切るんです。
**私**：う〜ん……。お母さん、びっくりするね……。
**ゆりさん**：そう。びっくりする。で、泣きながら「なんでこんなことするの」って言って。でも、手当をしてくれる。その繰り返し。

私はその場面を想像してなんともいえない気持ちになった。ゆりさんの立場に立てば、やりきれない思いをリストカットという行為によって表してお母さんに何かの助けを求めていたのかと思う。しかし、母親の立場に立てば、「なんで？」という答えのでない問いを突き付けられているように感じただろうし、なにより娘の血だらけの姿を見るのは自分の身を切られるような痛みを感じたのではないかと思う。私自身の身に置き換えて考えてみると、もし、自分の娘が同じような行為をしたとしたら、苦しんでいる娘をかわいそうに思いながらも、何もしてやれない自分に絶望したかもしれない。この当時はゆりさんも辛かっただろうが、母親もずいぶんと辛い時期を過ごしていたのだ。ゆりさんの面談が始まってから、職員も含めてお母さんに話を聴く機会が複数回あったが、「あの当時は辛かったし、なにより怖かった」と語っていた。また、「お医者さんから、もともと母子関係に根っこがあって（こういう状態になっている）とか言われて、そうなんかなあと思うこともあるんやけど。実際、娘がぼろぼろになってるわけやし。もしかしたら、こんなことを言ったらいけないけど、ただただ怖い……私にとってもトラウマみたいに残っているねんね」と言いながらも、「今、（娘が）ＧＨで安定しているのを見ると、きっといつかは忘れていくのかと思ったり」と笑った。

### リストカットの理由

なぜ、こんな行為を繰り返したのか。ゆりさんに聴いてみた。ゆりさんは「手当をしてもらってるときは自分だけのお母さんっていう感じしてた」と語りながらこう続けた。「今思うと……、お母さん辛かったと思うよ。血だらけなんやもん。ほんまに悪いことして迷惑かけてって。冷静になったらわかるんやけど、そんときはそんなことは考えない、ただただ、自分がしんどいからコントロールがきかへんのよ。お母さんに甘えて、お母さんにあたって。そんなことの繰り返し。私、酷いよね」。母親が抱えたであろう痛みに対して申し訳ないという思いを抱えているのだが、「手当をしてもらう」ということで母親のぬくもりを感じようとしていたゆりさんの思いも理解できないことはない。たとえ、方法は間違っていたとしても、必死でお母さんを求めていたんだなと思う。

何度もリストカットを繰り返したゆりさんの腕には、その当時の苦しさを表すように、びっしりと白い線が光っている。その中でも、ひと際太く深い傷跡がある。「これは、本当に死のうと思って切った。いつもとは違うやつ。……でも、死ねなかったけど」という。私は「死なないで良かったね」と思わず言った。「ほんまに」とうなずくゆりさんを見ながら、ほんのわずかだったかもしれないが彼女の内面にあった「生きたいと思う力」に感謝した。私は面談をしながら、それらの白い線から目をそらさないようにしている。「今となっては、一種、勲章やね」と笑うゆりさんの思いを受けとめなくてはならないと思っているからだ。

ゆりさんだけではなく面談に訪れる人々の中にはゆりさんと同じようなリストカットの壮絶な跡が何本もみられることがある。私は「しんどいときを過ごしてきたんだろうな」と心の中で思いながらも、それに触れることはしない。面談が進むにつれて、自分からそのときの思いを教えてくれるまで待つようにしている。ある少女は、「リストカットするじゃないですか。なんか、自分の中にあるストレスが血と一緒に流れていくような気がしてすっとするんです」と語った。リストカットはそれをする人によって理由は異なるだろうが、その痛みを通して生きていることを実感したり、本当に死んでしまいたいときに死なないための代替行為であったり、「私はもう精神的に限界なんです」ということを周囲にわかってもらうための行為だったりするのだろう。弱い自分を奮い立たそうとして「切ってる」という人もいた。そのときには、本人も気づかない心的な葛藤がリストカットという行為を通して私たちに何かを伝えようとするのだが、実際にその場面を見てしまうと、彼女／彼らが伝えたいことが背後に追いやられ、それを見せられた自分が崩壊しないように防衛を張ることがある。ゆりさんのお母さんのように「なんで、こんなことするの」と、聞いても意味がないと思いながらも、娘を責めるような言葉を口にしてしまうことがある。なぜかといえば、娘の自傷行為を通して、母親自身が責められているように感じるからだ。「あなたのせいでこんなことしてるんだ。だから怖いなんて言わずに向き合いなさい」と。

## 2　措置入院(4)

### 結婚と恋愛

大学に入学してからは携帯ショップでアルバイトを始めた。この頃にパニック障害を発症し、心療内科で軽い頓服を処方されたらしい。大学卒業後、アルバイト先で知り合った男性と結婚するが、夫への執着や束縛が強くなり職場にまで何度も電話をしたり、夫が電話に出ないと職場に行ってしまうということが続き一年で離婚になった。

「彼が外で何をしているのかが気になって、気になって。なんか捨てられたらどうしようと思ったら、いっそ、殺してやろうかと思っていた時期があってん。今から思うと、おかしいよね。実際に寝てるときに首を絞めたこともあったし。離婚してからは一回も会ってないけど幸せになってくれてたらいいなと思う。」

元夫に関してはあまり語らない。あまり語らないというよりも、あまり関心がないように感じる。若い頃の結婚ということもあり、また、一緒に生活した時期が短かったからかもしれないが「いい人やったよ。（私を）守ってやろうとしてたのに。楽しいことも一杯あったのに。迷惑かけたから、ほんまに幸せになって欲しいと思う」という言葉以来、元夫に関して語ることはなかった。その後も何度か恋愛をしてきたようだが、その相手に対してもあまり関心があるようには思えなかった。これはなぜなのかは私にもはっきりとはわからなかったが、面談の中で、何度も何度も語られ、そして語り直されたのは母親の再婚や母親自身との関係であり、たぶん、ゆりさんの人生を揺り動かしていたものの中心には常に「母親」の存在があったからだと思う。私自身は、子どもの不適応や症状の背景に母子関係の根があるとは基本的に思わないようにしているが、ゆりさんの場合は、母親との関係がゆりさんの症状や状態に大きく影響を与えていることは確かなことだったと思う。ゆりさんは何度も恋愛をしてきたと言ったが、可憐で守ってあげたい雰囲気なので「すごいモテた」そうだ。ゆりさんによると、恋愛というのは上手くいっているときは、どんな薬も勝てないくらいの精神安定をもたらすらしい。しかし、たいがい、ゆりさんが嫌になったり男性が逃げ出したりで長く続くことは珍しく、そうなると、「どんな薬もきかないくらい落ち込む」という。酷いときには、リストカットに逃げたり、OD（薬の過剰摂取）をしたりするようになっていくのが、いつもの恋愛のパターンだったと教えてくれた。

他の面談の中で「なぜ、私に？」と不思議に思うが、たまに恋愛相談が持ち込まれることがある。相談に来る人たちの話を聴くと、この恋愛というものは彼らの感情を大きく揺さぶり、生活にまで影響を及ぼしてくる「楽しくもあり、厄介でもあるもの」らしい。私はすっかり忘れてしまったが、恋愛ってそんなもんだったような気がするなと考えながら「今、恋人はいないの？」と聴くと、「男に依存するとろくなことがない。もう恋愛はまっぴら」などと答えるので、思わず「そんな境地になってるんや〜」と二人で笑うこともあった。

## 長い入院生活

さて、離婚後は実家に帰ってきたのだが、環境の変化や心理的な傷も深かったのだろう、母親との確執がより大きくなり、暴力、暴言、自傷などを繰り返すようになった。そのため、母親ひとりでは対応できなくなり、警察が介入するようになってきた。この頃はすでにジストニアの症状が出ていたという。ゆりさんのケース記録には「パニック障害があったため、心療内科で長期的に受けた投薬治療によりジストニアを発症」と書いてあった。

最初の入院は、夜中に突然母親を何度も殴り、言動も支離滅裂で何を言っているかわからない状態になっていたので、母親が警察を呼び措置入院になったそうだ。精神科病院へのはじめての入院であった。

**ゆりさん**：仕方ないんやけどね。病院、嫌やったわ。

**私**：そうなんやね。入院とか嫌よね。でも、何が一番、嫌やったの？

**ゆりさん**：なんか、私もパニック状態で入院してるから、暴れるやん。入院、初めてやし、怖いやん。家におったのが急にやん。「家、帰りたい」て当たり前に思うやん。そしたらみんなで押さえつけて、ベッドに縛られるし（身体拘束）(5)。二度と嫌やって思ったな。

この身体拘束に関しては、医療現場あるいは人権擁護の立場からさまざま意見があることは確かである。私が面談していたある女性は大量に向精神薬を服用し死のうと思ったのだが、すぐに家族に発見され救急車でそのまま病院に運ばれた。病院ではずいぶんと暴れたらしく、身体拘束が外れたのは入院してから三週間後のことであったという。「私、死のうと思ってたけど死ねなかったじゃないですか。でもね、両手両足を縛られて、オムツをつけられて、食事も介助されながら、その時に『私』は死んだんだなと思いました」と語っていた。彼女は身体拘束を通して、人としての自分が死んだと語ったのだ。個人や周囲を守ろうとしての処遇ではあるだろうが、人としての尊厳を奪われたと感じる人もいるのだ。ゆりさんも同じような思いをもったのではないだろうか。その後、施設に繋がってくるまでに任意入院(6)を含めて、計八回の入院生活を送った。

一回の入院期間が三年に及ぶときもあった。二〇代、三〇歳代前半の大半を精神科病院で過ごした。その間に複数回自殺を試みたが、すべて未遂に終わっている。最後の自殺未遂の後、医師の判断によって精神科病院から自宅には戻らず精神障害者のGHに入居した。本人はもとより、一緒に暮らすことによって母親の負担が大きすぎると判断したからだという。疲弊しきっている母親へのレスパイト(7)の意味も含めて、GHへの入居が決定した。

## 3　ゆりさんと美香さんの「本気のぶつかり合い」

### 「美香さんのせいや」

入院中にGHへの入居が決まったのだが、「退院したら家に帰る」「人と一緒に住むのは嫌」「絶対に行かない」「行くなら死ぬ」などと、ゆりさんはなかなか納得しなかった。退院後は西成区の基幹相談支援センター(8)が関わることになっていたので、まずは、担当になった美香さん（仮名）という職員が入院中のゆりさんに何度も面会に行き、これからのことを話し合った。美香さんはゆりさんと同年代の元気のよい女性であった。

美香さんは「退院してから何がしたい？」というところから話をしたようだ。それに対して、ゆりさんは「やったらあかんことはわかってる。これからは何回も長期入院せずに暮らしていきたい」と答えたそうだ。ゆりさんを受け入れるにあたって開かれた基幹相談支援センターのスタ

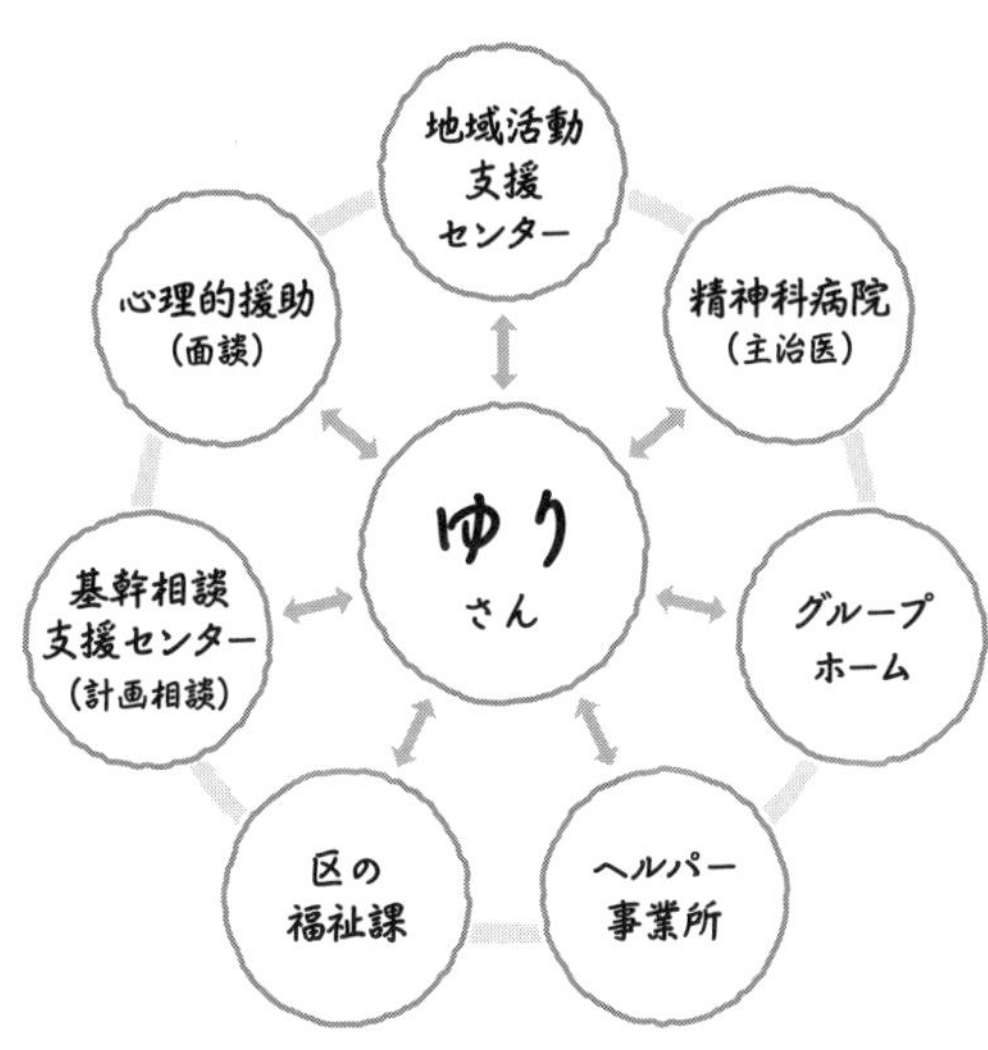


ゆりさんの支援図

ッフ会議では、成育歴や今までの経緯から母子の関係がゆりさんの症状を悪化させ入退院を繰り返す大きな理由になっているのではないかと話し合われた。また、ゆりさんの生活の場所が家庭という狭い範囲に限られているので、少しずつでもいいから、好きなことを見つけ、仲間や理解してくれる人を増やしていこうという話になっていた。昼夜が逆転するなどゆりさんの乱れた生活リズムを整えるためにも、退院後はGHへの入居が望ましいと考えていた。退院後のゆりさんを支援するチームは、基幹相談支援センターの職員を始めとして、精神科病院の主治医、居宅支援員、地域活動支援センターの職員、ヘルパー事業所、区の福祉課など、その時々で必要な事業所や機関によって構成されていた。

ゆりさんはいったんＧＨへの入居を承諾したものの、やはり、心細かったのか、「やっぱりやめとく」「行かへん」とその日の気分によっては不安定になり泣いたり大声をあげることもあった。また、同年代の美香さんに対して、「あんたの顔なんか見たくないわ」「もう来るな」「私が調子を崩すのは美香さんのせいや」など、美香さんにとっては仕事だと思っていても心がえぐられるような言葉を投げかけられることも多く「この頃は、私自身の心が折れそうになっていました」と語っていた。

美香さんはゆりさんの援助において、居住の場が病院からＧＨへといきなり変化するのはきついだろうし、どんなところかを知ってもらうために、ゆりさんが入院中に「体験」として、何度かＧＨに宿泊してもらっていた。しかし、ゆりさんはＧＨでの体験を終えて病院に戻ると決まって調子を崩した。そんなときには必ず美香さんの支援のせいにして、「美香さんが私をＧＨに泊まらせるから、こんなになるんや」と責めるらしく、当時の美香さんは「違うやろ」と思いながらも言い返すこともできず、ただただへこんでいたという。

## 一回、喧嘩してみる

私はゆりさんに関する基幹相談支援センターのケース会議には参加することはあったが、美香さんとは面談という形での関わりはもっていなかった。ただ、廊下ですれ違うときや、あんまりしんどいときには、「ちょっとお時間もらえますか」と誰もいない部屋で話を聴くこともあった。

美香さんはまだまだ相談員としては経験も浅かったけれど、彼女なりに一生懸命ゆりさんの今後の生活を支えようとしているのに、何か気に入らないことがあると「もう美香さんの面会は結構です。会いたくないので二度と来ないでください」と責められるのが辛いといった。美香さんからしたら「えっ、私？　関係ある？」と思うことも多かったようだが、それでも援助者だから我慢しようと何も言わなかったそうだ。しかし、援助者といえども、あまりに理不尽なことで責められると、「どうしても、テンション下がるんですよね。腹が立つこともあるし。一生懸命頑張ってるのに」と思うことはある。「そういうときにはどうするの？」と聞くと、同じ相談支援の先輩たちに相談してアドバイスをもらうようにしているらしく、ゆりさんの場合は、ベテランの相談員から「ほな、一回、入院中に喧嘩してみよか」とアドバイスをもらったそうだ。そして、「思い切って本気のぶつかり合いをしたんです」と語った。このあたり、一見、荒っぽいように感じるかもしれないが、当時の二人にとってこの「本気のぶつかり合い」はその後の関係性を大きく変えるものになった。これは、西成で多くの困難事例を受け持ち、繋がってきた人は一人も取りこぼすことなく支えてきた相談支援員たちのぶれることのない経験に裏付けされた一つの方法だったのだ。

**私**：それで、どういう風にぶつかり合ったの？
**美香さん**：まず、最初にしたことは、主治医や看護師さんに「ちょっと本音で話しますので、不安定になることがあれば、どうぞよろしくお願いします」って頼んでおきました。

**私**：お医者さんや看護師さんはなんて？

**美香さん**：「そやね。GHに帰ってからだと、本音のぶつかり合いも危険が伴うことがあるけど、病院でちゃんと状態を見とくから安心して本気でぶつかり合ってください」って言われました。で、安心して、思っていたことを言いました。

**私**：その「本気のぶつかり合い」は何を目標にしてたの？

**美香さん**：ともかく、今まで、都合の悪いことはすべて人のせいにしてきたことを考え直してもらいたかったんです。自分はどうだったのかっていうのを振り返ってもらいたかったというのが大きな目標ではあったんですけど、ちょっとだけ、あんまり言われるんで言い返してみようという小さな目標もあったりして（笑）。

ゆりさんの話を聴いていると、確かに、上手くいかないことや都合の悪いことは人のせいにして語ることがあった。元夫に対する申し訳なさは時間がたち客観的に捉えられるようになったからこそ素直に振り返れるのだと思うが、今、苦しいことや困ったこと、都合が悪いことがあれば、かなり短絡的にそれに関わった人のせいにするといった傾向はあった。ゆりさんは何かトラブルがあると私に面談を申し込んでくれるので、そこで起こった出来事、関わった人々との連関図を一緒に書きながら、相手だけじゃなくて、ゆりさんにもトラブルの原因があったのかもねと話をするようにしている。私に対しては「ほんまやね～」と素直なのだが、それでもゆりさんが本当に納得するにはかなりの時間が必要だった。

**美香さんの本気を受け止めたゆりさん**

**私**：で、どんな話をしたの？

**美香さん**：「美香さんのせいで不安定になる」「もう、美香さんの言うことは聞かないし、GHにも行かない」って何かあると言われるので、「上手くいかないことは全部、私のせい？おかしな話やわ」て言いました。そしたら、あれこれ言ってくるので、「あ～、めんどくさ」「誰の生活の話し合いしてるん？」「私（美香さん）の一人暮らしか？」って言ったんです。

**私**：ゆりさんはびっくりしたんじゃない？

**美香さん**：すっごい怒りましたよ。で、「二度と来るな！」って言うから、「もう、来ません」って。しばらく面会には行きませんでした。一回、離れる時間を作ってみようと。

**私**：思い切ったね。それで、どうなったの？

**美香さん**：しばらくは病院の先生に様子を聴きながら、直接、会うことはしなかったんですけど、（相談支援の）先輩から「そろそろ行ってあげたら？」て言われたんで行きました。こわごわだったんですけど、ゆりさんは「来てくれたんやね」ってすっかり普通になっていて、何かすると「有難う」って言うようにもなっていましたし、なにより、自分に都合の悪いことがあっても、そこはぐっとこらえて支援に協力的になっていました。

この頃のことをゆりさんに聴くと、「GHへの入居は不安だし、寂しいし、どうしようもなくイライラした」という。美香さんのことに関しても、「きついなあと思いながらも、この人、本気できてるわってていうのはわかったから、頑張ろうと思った」と語っていた。そもそも、GHへの入居に関しては、人に気をつかう性格なので集団生活ができるかどうか不安だったし、なにより、母親と離れることが怖かったらしいが、それでも前に進まなくてはいけないと感じたのは、美香さんの「本気度」だったらしい。その後は、多少のぶつかり合いはあったものの、GH体験入居の帰りに一緒に大好きなハンバーガーを食べたり、小物を買いに行ったりと楽しい時間を過ごせるようになってきたという。ともあれ、こうした期間を経て、入院していた精神科病院と連携しながらGHへの入居が無事に終わった。

## 4　グループホームに入居して

ゆりさんがGHに入居して四年になるが、その間は山あり谷ありで、決して順風満帆に今に至っているわけではない。今も、何かしら小さなごたごたを抱えながら、それでも当時に比べると、その環境に慣れてきたというのもあるだろうが、安定した生活を送ることができている。ここでは少し、どんなことがあったのかを話したい。

## 破壊行動の理由

初めは、家から離れてGHへの入居で「親から見捨てられた」と不安定になり破壊行為や自傷行為もたびたびみられた。「細い身体のどこにそんな力があるんだ」と周囲を驚かせるようなこともあった。自室のテーブルを投げつけて窓ガラスを粉々にしたり、クローゼットの扉をもいだり、タンスを壁にぶち当てて大きな穴を開けたりと、結構、激しい破壊行動がみられた。そういう破壊行動があれば、面談の前に職員さんから「この間にこんなことがありました」と報告を受けるので、何があったかは事前に知ってはいるのだが、私はできるだけ本人が話し始めるまでは「こんなことがあったんだってねぇ」などとは口にしないようにしている。しかし、ゆりさんはたいがい私の前に座ると自分から「こんなことしてしまったんです」とか細い声で話をしてくれていた。そんなときは、すでに、職員から散々叱られていると思うので私からはゆりさんを責めるような言葉は言わないようにしている。そもそも、私自身が、ゆりさんだけではなく誰に対してもストレスを発散するための代替行為を見つけるまでは「よろしくないけど、そういうこともあるよね」と思っているので、面談の中では、その出来事の原因になった感情と実際にしてしまった行動の切り分けをして、適応的な代替行為を一緒にみつけようと思っている。

一般的な話をすれば、自分の感情を上手にコントロールするのはそうそう簡単なことではないと思う。特に、ネガティヴな感情が急に湧き上がってきたときにどう対処したらよいかがわかるには、かなり客観的に物事や自分の内面を見つめる視点が必要だろう。そして、その視点が養われるには、その人がそれまで何を体験してきたのか、何を学んできたのか、誰に会ってきたのか、何を語られ、何を語ってきたのかなどが重要だ。たとえ、それらの体験や関係性がネガティヴなものであったとしても、その人を育てていくことに繋がっていくと思っている。

このときは、テーブルを投げて窓ガラスを粉々にした後の面談だったので、ゆりさんから直接話を聴いた後に、まずは「ゆりさんは、力持ちやねんね。びっくりした」と素朴な感想を伝えた。今まで暴力や暴言で叱られる経験の多かったゆりさんは私の言葉に「怒られると思ってたからすごいびっくりした」らしい。ゆりさんによると、今回の直接的な原因は、地域活動支援センターから帰宅して疲れているからゆっくりしたいのに、他の利用者が何も言わずに自分の部屋に入ってきて、長い間、独り言をずっとしゃべって自室に戻ろうとしなかったことにイライラしたらしい。ゆりさんは「人に気をつかう性格」なので「帰って」とも言えなかったらしく、その利用者がやっと自室に引き取った後、イライラが爆発して机を投げたということだった。

## 言葉と言い方を考える

**ゆりさん**：したらあかんことはわかってるんよ。でも、コントロール、きかへんねん。
**私**：なるほどね。嫌やわね、それは。「疲れてるから、もう部屋に帰ってね」て言えたら机投げなくてすんだんかな。
**ゆりさん**：かもしれんけど。私は言われへんねん。
**私**：その人に悪いと思うの？　もしそう思うなら、たぶん、言い方かな。その人もゆりさんも嫌な思いをしないような言い方、一緒に考えようか。
**ゆりさん**：そんなん、あるかなあ。できるかどうかわからんけど。
**私**：できる、できる。一緒に考えて、練習しよう。

ゆりさんは、自分が人から「帰って」と言われると深く傷つくと思うので、なかなかそういった言葉を人に対して言うことができないという。自分が否定されているように感じる言葉や態度を人に対してとれないということであった。「私自身もかなり勇気をもたないとなかなか言えないタイプではあるんだけれども、机を投げるよりかはましではないかと思うので言うように努力しているよ」という話をした。たとえば、ゆりさんが「帰って」と言われたときに傷つくのであれば、どんな言葉だったら大丈夫そうか、具体的な言葉について聞いてみた。

**ゆりさん**：う〜ん……。たとえば、「疲れてるから横になりたいねんけど、〇〇さんもそろそろ、お部屋に帰る?」なら大丈夫かもしれない。
**私**：そう？　じゃあ、まず、言葉はこれでよしとして、他にどんなことで傷つきそう?
**ゆりさん**：つっけんどんに言われたり、ヒステリーみたいに言われたら嫌かもしれん。
**私**：じゃあ、ゆっくり、ソフトに、お願いするように言ってみたら、うまくいくかもしれないね。
**ゆりさん**：そやね。考えたらその人も障害やねんから、しんどいこともわからんこともあるよな。嫌がらせで私の部屋に来てるわけじゃないかもしれんから、そういう風に言ってみるわ。

このゆりさんの言葉を聴いて、本当はちゃんと相手の立場に立って考えることができているのだなと嬉しくなった。

## ストレスを減らす方法

**私**：これはこれでやってみるということにして。日々のストレスとかあるよね、人間には。なんかね、イライラしたり、腹が立つときって誰にもあると思うねんね。そんなときは、なんかしないと落ち着かないから、たぶん、自分を落ち着かせるために、なんか、具体的に行動することってあると思うねん。たとえば、私やったら、寝てしまうとか、何か食べるとか。ストレス減らそうとしていろんな選択肢があると思うんやけど、ゆりさんはそういうの、ある？

**ゆりさん**：ストレス減らすための……？　今、ＧＨやん。そんなの無いわ。

**私**：昔は？

**ゆりさん**：本、読んでるときとかは落ち着くかな。

ゆりさんは大学時代に文学作品にはまった時代があったそうで、そのときには、比較的、精神状態も安定していたように思うと振り返った。「本を読んでみたら？」と言うと、「今は本を読んでいても文字が頭に入ってこないから、無理かもしれん。ストレスで頭がいっぱいになってるから余裕がないわ」と答えたので、今の生活の中で、破壊行為や自傷行為の代わりに何かストレスを緩和するための選択肢を一緒に探していこうねと言った。

私は、先に「その出来事の原因になった感情と実際にしてしまった行動の切り分けをして考えるようにしている」と言ったが、なぜかというと、その人に共感し支持することとしないことを分けないといけないと思っているからである。たとえば、この切り分けに関して大学の講義の中でこんな例をあげながら学生に考えてもらうことがある。

「ある生徒が遅刻かどうかギリギリで急いで登校しようとしているときに、玄関のところで、『部屋の片づけしなさいよ』など今言わなくてもいい小言を母親から延々と聞かされ、その結果、遅刻をし、教師からも叱られ、イライラした結果、教室の窓ガラスを割ってしまった」

という事例である。学生には、この生徒のどこを支持して、どこを支持しないかを考えてもらうのだが、中には「どう切り分けたらいいかわからない」という学生もいる。いろいろな考えはあるだろうが、少なくとも私は「ある生徒が遅刻かどうかギリギリで急いで登校しようとしているときに、玄関のところで、『部屋の片づけしなさいよ』など今言わなくてもいい小言を母親から延々と聞かされ、その結果、遅刻をし、教師からも叱られ、イライラした」までは共感・支持をするが、「イライラしたから窓ガラスを割った」に関しては共感も支持もしない。イライラを制御するためにたくさんの選択肢がある中で「窓ガラスを割る」という選択をしたのはその生徒自身なのだから、「自分が選んだ選択肢に対しては責任をもってね」と思っている。窓ガラスを割ったという出来事に対する責任は、その生徒をイライラさせた母親や教師にあるのではなく、その方法を選んだ生徒自身にあるんだということをわかってもらわなくてはいけないと思っている。「他にも、イライラを抑えるやり方はいっぱいあるんだよ」「自分に合った方法がわからなければ、一緒に探そうね」と。

## 施設がもつ課題

**ゆりさん**：机、投げたんは、〇〇さんがきっかけやったかもしれんけど、やっぱり、いろいろなストレス、溜まり切ってて、爆発したというのもあるのかもしれん。

**私**：たとえば、どんなストレス、溜まり切ってたの？

**ゆりさん**：そんなん、ストレスだらけやん。あんなとこ（GH）住んでてストレス溜まらん人がおったら見てみたいわ。そりゃあ、山本さんも一回、住んでみて。わかるから。プライバシーはまずないやん。ほんで、生活のすべてが管理やで。何したらあかん、これしたらあかん。あれしなさい、これしなさいって息が詰まるわ。しんどくなる。

**私**：それはそうよね。それはGHの課題かもしれんね。

**ゆりさん**：ほんとに、スタッフは立場が代わったらどう思うか、一回、考えてほしい。実際は、見張っているわけじゃないんやろけど、自由なんかあらへんよ。社会に比べてルールが厳しすぎる。だから、しんどくなる。

**私**：入院しているときもルールはあったんじゃないの？　そっちの方が厳しそう。

**ゆりさん**：病院は病気を治すための場所やんか。ルールはあって当たり前やんて思えるけど、GHは、昼間の施設の活動が終わって、「やれやれ」って帰る場所で、普通の人の家のはずやねんから、全然、違う。

ゆりさんが語る「プライバシーがない」「管理下に置かれている」という言葉を聴いて、まさに利用者がそう受け取る構造が障害のある人が利用する入所施設やGH、ケアホーム全体の課題になっていると思った。そこはゆりさんが言うように「生活するところ」なのだが、実際はそうではないことが多い。

ゆりさんの話を聴きながら、以前、入所施設でフィールドワークをしたときにまとめたものを思い出した（山本、二〇一五）。これは入所施設での調査なのでGHとは課題が若干異なるが、そこには同じような課題が存在していたと思う。少し、そのまとめを紹介すると、ある入所者の女性は、タバコが唯一の楽しみで、一日に六本と決められているので、ゆっくり吸いたいのにいつも見張られているから吸った気がしないとこう語っていた。「仕事（施設内の清掃）も頑張ってやってるんやで。やのにな、いつも見張られて、タバコもゆっくり吸いたいのに、見張られて、たまにはゆっくりさせてほしいわ。腹立つ」と。

職員からすれば、決して見張っているわけではなく「見守り」という行為なのだが、その女性はそうは受け取ってはいないのだ。また、これは仲の良かった他のGHに入居していた利用者から聴いた話だが、「世話人（利用者の日常生活面のサポートや支援を行っていく人）が夕食を作ってくれるんやけど、健康にいいからって菜っ葉みたいなもんばっかりで。たまには身体に悪いもんとかも食べたいときあるやろ、山本さんも。そんな希望はまったく通らんし、食べたかどうかチェックしてるし、ゆううつになるわ」と言っていたこともある。そんな話を聴くと「確かになあ」と切なくなる。誰だって、食べたいものを食べたいときに、食べたいって思うのは当たり前だろうと思うからだ。先ほどの女性の話もそうだが、こういう話を聴く度に、ベンサムのいうパノプティコン(9)を思い出してしまう。それでなくてもさまざまな理由によって自分の家庭から離れて暮らさざるを得ない人々にとって、そこが「家庭の場」であって欲しいと思うが実際には難しいのかもしれない。障害の特性も違う人たちが入居しているので、それぞれの利用者の希望を聞くには限界があるのかもしれない。しかし、あまりに利用者の安全や健康を守ることを中心に考えてしまうとそこは管理・指導する場所になってしまうだろう。そして、ゆっくりしたいと思う利用者の望みとは相反してしまうこともあるのだと思う。

## 当事者性を大切にした支援

私は、こうした施設がもつ普遍的な課題を含みながらも、西成の実践はかなり柔軟に「当事者性」を大切にした支援が中心に置かれていると思う。同じ目線というか、その人の視点に立って、支援を組み立てようとしているのがわかる。職員は、大上段に振りかぶることなく「私だったらどう感じるだろう」「私だったらこれは嫌だな。こうしてほしいよな」と考えながら、本当に自然に支援を組み立てているようにみえる。ここはすごいなといつも思っている。一種、名人芸とも言える支援が組み立てられることもあり、驚きながらも、この背景には「人権を守る」というしっかりとした基盤が揺るがないからだろうと想像している。ちなみに、ある職員さんが言っていたが、「人権を守る」という言葉が意味するものは、「人が自分らしく生きようとすることを守る」ということだそうだ。

とはいえ、母子分離がゆりさんへの支援の第一歩だと思っていた美香さんは、母親への連絡頻度や、GHでの集団生活のルールなども含めて、あれこれとゆりさんの援助に必要だと思うことは、管理とは言えないまでも、口を出すことも少なくはなかったらしい。ゆりさんは通院治療を続けていたが、二回ほど大きく調子を崩して任意入院をした。ゆりさんは破壊行為や自傷行為をする代わりに入院を選んだのだ。これもゆりさんがもっている理にかなった選択肢だったのだろう。ゆりさんは自分の状態をよく把握するようになっていて、これ以上頑張ると、自分が壊れると思うと、担当の美香さんに「ちょっと休みたい」と任意入院を申し出ていた。病床に空きがないときもあったが、精神科病院の医師もゆりさんの支援チームの一員になってくれていたので、本人が精神的な限界を迎えており入院が必要だと判断したときには「病床の空きがでたよ。おいで」とすぐに連絡をくれた。二週間ほど入院したら落ち着くらしく、GHに帰ってくる。

## 5　我慢に我慢を重ねてキレる

### 一生忘れられない言葉

ある日の面談のとき、開口一番に「こないだ、とんでもないことしてん」と言うので、「いったい何をしたんだろう」と多少どきどきしながら「何、したの？」と聞くと、「こないだイライラしたから（新しい）お父さんが買ってくれた犬のぬいぐるみをベッドに投げてん」と言った。「それでそのぬいぐるみにはなんか、被害があったの？」と聞くと、何を言っているのというような顔をして「それはないわ。ぬいぐるみやから」と答えた後、「ポポちゃんていうねんけど、寂しいときにずっとそばにおってくれたのに、イライラしてたからいうて、投げたのがちょっとショックやってんな」と言うので「それはそうやね。でも、ポポちゃんには被害がなかったんやから、『ごめんね』って謝って、今までみたいにかわいがってあげたらいいいんじゃないかな」と答えたのだが、ゆりさんは下を向いたきり何か考えているようだった。

しばらくして思い切ったように「あのな、私がいままでで一番悲しかったこと……。不安定になるときにはいつも思い出す言葉があるねん」と言った。ぬいぐるみに何か関係しているのかなと思いながら、「そうなんやね。もし、嫌じゃなかったら教えてくれる？」と言うと「もちろん」と言いながらこう語った。「新しいお父さんから、私が暴れたり、ジストニアで変な格好になってるとね、『ゆりは弱いんやなあ。だからジストニアになったんや』『精神病になったんや』て言われたこと。お父さんに悪気がなかったことはわかるんやで。でもな、私が弱いから、……今こんなに苦しんでいるのは私が弱いからって言われているようで辛いし、この言葉は一生忘れられへんと思う」と言った。言われたその日は新しい父親が何気なく言ったその言葉をずっと考えていたのだが、耐えきれず、夜中にそれを言った父親ではなく母親を殴るなど大暴れをしてしまったそうだ。父親を殴らなかったのはゆりさんなりに気を遣ったのだろうか。そして、初めての精神科病院への入院になった。それも措置入院という形で。

## 自分の思いを素直に表現する

私はゆりさんの話を聴きながら、父親に言われた言葉でずいぶんと傷ついたのだろうなと思うと同時に、その日に言われた言葉だけではなく、それまでのいろんな「我慢」が暴力に結びついたのかもしれないと思った。どうしてそう思ったかというと、母親に対しての暴力行為の背景にも自分が悪いのだけれども「我慢していたこともあった」と語ったからだ。この我慢という感情についてゆりさんと整理してみたところ、〔腹が立つ出来事や他者からのひどい言葉→いったんそのときは我慢する→でもそのことばかり考えているから夜中に爆発する→そのことによってまた腹が立つ出来事や他者からのひどい言葉がくる→∞〕のループに入っているかもしれないねという話になったからだ。ゆりさんも「そんな気がする」というので、じゃあ、どうしたらそのループから外れるかを考えようかという話になった。

私自身は何か嫌なことがあったり、誰かから傷つくことを言われたときには、基本的には「我慢する必要はない」と思っている。とはいえ、我慢する必要はないということと、短絡的にすぐに反応して大声で怒鳴り返したり暴力を振るったりして相手と喧嘩してしまうこととは全く違う。むしろ、喧嘩にならない方法で相手に自分の気持ちを伝えることができるようになれば、ゆりさんが周囲から問題視されている暴力行為や自傷行為につながらないのではないかと思った。具体的には、そのときの状況によって違うだろうが、ゆりさんには「そういうときには、自分がどう感じたのかを相手に素直に伝えるようになれたらいいね。もしかしたら誤解かもしれないし、相手も話せばわかってくれたり、ゆりさんも納得できるかもしれないから、ともかく『私はこんな思いがした』と、そこは爆発する前に相手に伝えてみようか」と言うと「そうやね、いつもそうなんよね。私は激しいやん。やることが。相手が最初になんかしたとしても、結局、（行動が）激しいから、私が悪いことになってしまうんかもしれんね。損やな」と答えた。私は「そうよ。ゆりさんばっかりが悪いなんてことないいんじゃない。ただ、その方法が間違っているってことはあるやろから、そのときに感じたことを相手に伝える練習しようか」と言った。

私はまずこの対話の中でゆりさんの言葉の中に「損得」に関する言葉が出てきたのに驚いた。精神障害がある人たちの話を聴いていると、この一見、打算的に受け取られる「損得」の話は全く出てこないからだ。むしろ、周囲から見ていると明らかに損になるとわかっていても、そんなの関係ない、それが正義だと「突っ込んでいく」という人が多いので、ゆりさんが言った「損やな」という言葉に驚いたのだ。損得を口にするということは、物事をかなり相対的に見るようになってきたのだなと感じたので、今後の面談の中で、場合によっては「それは損かもよ」という言葉を使ってみようと思った。

また、ゆりさんが初回面談のときに言った「私、みんなに迷惑を掛けてばかりで、なんか、おらんほうがみんなのためになるんじゃないかと思うことばっかり（してしまう）」という言葉の内容も、こうした我慢の末の爆発行為だとすれば、ゆりさんが自分の内面に生じている感情を遠慮せず、その場で相手に伝えることができるように援助すれば、本人も周囲もずいぶんと楽になるのではないかと感じた。こうした援助が少しずつゆりさんに理解してもらえたのか、面談が終了に近づいた頃にはこの爆発行為はほとんどみられなくなっていた。むしろ、「家にいた頃は自分が暴れたり迷惑かけたりすること、いっぱいあって、お母さんが新しいお父さんに気をつかっていることもわかっていたから、余計しんどかってんけど、家を離れてGHに入居したことはそういう意味では良かったと思っている」と言いながらも、「でも、昔に戻れるなら、本当は再婚なんかせずに自分だけのお母さんでおってなって言いたかったな。反対はしなかったけど、心の中では決して許してなかったんやでって」と語った。ゆりさんが本当は言いたくて言えなかった言葉がこれだったのだろう。ゆりさんがそう言ったところで母親は再婚していたかもしれないが、ゆりさんにとっては今の状況とは少しは違ったものになっていたのかもしれないと思った。当時のゆりさんには、母親には母親の幸せがあるんだということをわかるには少し時間が必要だったのかもしれない。でも、遅いことは何もないのだ。これから、ゆりさんが自分の思いを素直に表現しながら他者と対話をしていくことができれば、これからの人生がかなり楽なものになっていくに違いない。現に、GHの同居者の中にいつも大声でしゃべっている人がいて、喧嘩になったら嫌だから我慢していたらしいが、ゆっくり、ソフトに「うるさいから黙ってくれる?」と言えたそうだ。その人も「あ、ごめん」と何もなかったように応えてくれたので「私、心、開けたような気がする」と喜んでいた。

## 6　それって気のせい？　それとも妄想？

### 人にどう思われているか気にしすぎる

自分の内面に生じている感情を素直に表現するという練習をしてはいたが、誰しもがすぐにそれができるようになるわけではない。特にゆりさんは「我慢の人」なので、人の言動で傷ついたことがあってもついついぐっと飲み込むことが多く、不安定になってしまうこともある。

ある日の面談で「ちょっと聞きたいねんけど、被害妄想って疲れたときにでやすいん？」と聞かれたことがある。「何かあったの？」と尋ねると、「最近、疲れているせいか、人の言動が心に突き刺さるねんな」と言うので「じゃあ、その話聴かせて」ということになった。

**ゆりさん**：この間、古着屋で五〇〇円で買ったジャケットを着ててん。私は自由に使えるお金がないから、いつも古着屋で買うんやけど、たまたま、すごいかわいいジャケットがあったから嬉しくて買っててん。それで、施設にそれを着て行ったら、職員さんが「どっかの学生さんみたいやな」って言っててん。その職員さん、たぶん私のことを嫌いやと思うねん。それを聞いて、腹が立つんではなくて、「私、よっぽどおかしな格好してたんか」「人に言われるほど、若作りしてしまったんか」と思って泣いてしまってん。

**私**：……わからないけど、ひとつには単に褒めたっていうのもあるんじゃない。ほら、ゆりさんはスタイルが良いし、若く見えるし、そういうことを言いたかったのかもしれないよ。私もちょっと前には後ろから見てる人からそんなこと言われたことがあるけど、単純に「褒められてるやん」って嬉しかったけど、ゆりさんは悲しかったんやね。

**ゆりさん**：うん。もう、そのジャケット、絶対によう着ないと思うわ。もし、悪気がなくて、褒められてるんやとしたら、そんなことを気にする自分が悲しくなるわ。

ゆりさんは、人からの評価に人一番敏感である。普段はノーメイクだが、ときどき気が向いたときには化粧をすることもある。そんなときに「今日は血色良いね」と言われると「おてもやんみたいな顔」って言われていると思うのですぐに化粧を落とすらしい。また、利用しているセンターが休みの日にGHの部屋でゆっくりしていると職員から「今日はゆっくりしてるんやね」と声を掛けられると「休みの日やというのに、お前は行くところもないんか」と言われているような気になって当てもなく外に出ていくこともあるらしい。家族と住んでいたときも、母親から「今日は友達とは遊ばないの?」と聞かれると、「早くどっか行け。お父さんとゆっくりしたいのに。邪魔な子」「ずっと病院におったらいいのに」とか「いっそ死んでくれたらいいのに」などという言葉が聴こえてくるという。「本当に聴こえてくるの？」と聞くと、「本当にではないけど、そんな気がする」という。しかし、本人は「そう言われた気がする」のでそんなときには母親に対しての暴力行為や自傷行為に繋がっていくらしい。

ゆりさんは「私、常に人が自分のことをどう思ってるんやろうかとか気にしすぎたり、気が弱いところが嫌。どうしよう。しんどい」というので、気にしたり、気が弱かったりすることは、決してよくないことではなくて、別の言葉で言い換えたら、気が弱いけ気が優しいとか、気にしすぎるはよく気が付くとも言えるから、情けなくならないで、人の言葉や態度に感情的なきめつけをしてしんどくなるのはやめとこうかと話した。

## 妄想的な言動が減る

ゆりさんは自分には被害妄想が強いところがあり、それが統合失調症の診断に繋がっているのだと言っていたが、これまで聴いた中では、妄想に近いのはこの話くらいで、それも自分で「本当にではないけど」と言っているので、被害妄想と言うよりも被害感情が強いと言った方がゆりさんの状態を説明しやすいかもしれない。私が関わっている別の統合失調症の人の中には、「今日は、宇宙の電磁波からの攻撃をかいくぐって来ました」と語る人や「自分には妻と娘がいて十分に食べさせるために日々仕事にせいを出していたのですが、悪い組織が自分と家族を引き離してしまったから、どこかで妻と娘が泣いていると思うと辛い」と語る独身の人もいるので、ゆりさんとは少し違うのかなと思っていた。

ゆりさんが入所したときのケース記録には「被害妄想が強く、薬を増やしてもらって徐々に安定してきている」と書いてあるので、どんな薬を飲んでいるのかを見せてもらったが、一日に一一錠処方されているほとんどは精神を安定させるもので、医師ではない私にはどの薬や組み合わせが妄想を抑えているのかはよくわからなかった。当時は、正直なことを言えば、こんな量を服薬するんだと驚いたが、GHでの生活が始まると、だんだんと減薬の方向に進んだ。ゆりさんは通院のときに「お医者さんから成長したねと褒められる」と喜んでいたし、妄想と受け取られるような言動や破壊行動も徐々に少なくなっていったことを思うと、周囲との関係や環境の調整をすることで減薬や安定した生活に繋がってきたのだと思う。これも日々の生活を支える援助者たちの関わりによるものが大きい。「その人の生きたい自分を支える」といった人権意識をしっかりと基盤におき、柔軟に緩やかにゆりさんに接してきた援助が、ゆりさんを変えていったのだ。

## 7　離れてやっと「家族」になれた

### 離れていてもお互いを思いやれる

最初は自宅を離れてGHに入居することは「突き放されたようで寂しかったし、嫌だった」と言っていたが、今ではGHに入居して本当に良かったと語る。良かった理由の一番には、母親との関係が良くなったことだという。「あのまま一緒に住んでいたら、まだ喧嘩していたと思う」と言うので、「なんで、離れたら関係が良くなったの？」と聴くと、「お互いの距離ができて、いいところも悪いところも客観的に見られるようになったからと違うかな」と言った。これはたぶん、入居した初めごろにたびたび不安定になって「家に帰る」「お母さんに会いたい」と泣いたり暴れたりしたときに援助者から何度も言われた言葉だったのだろう。でも、その言葉はゆりさんの中に実感として入り込み、今ではゆりさん自身の言葉になっていた。

「一緒に住むことだけが家族じゃなくて、離れていてもお互いを思いやれる今の関係が家族かもしれんね。」

こう語れるようになったのは、四年という年月と、諦めることのない援助者の支えがあったからだろう。援助者はゆりさんを家庭という狭い世界から、まずはＧＨに引っ張り出した。そこではいろんなことがあったにしても、ゆりさんは集団で暮らしていくためのルールや楽しみも知った。少し落ち着いてからは、職員も一緒に地域の活動に積極的に参加するようにした。例えば、月に一度行われる近隣のゴミ拾いのボランティアに参加して、地域の人と交流をもつようになった。一緒にゴミ拾いをしている人たちから「あそこ（ＧＨ）に住んでるんやね。休みの日、何もすることがなかったらうちに遊びにきてもいいんやで」と言ってもらうこともあったらしく、

「こんな私でも受け入れられているんやな」と嬉しかったという。母親とは離れて暮らしているが、年に何度かは、一緒に買い物に行って洋服やバッグを買ってもらうことも楽しみのひとつになっていた。「お母さんと喧嘩をしないで買い物ができるなんて、嘘みたいやねん」と喜んでいた。かつて一緒に暮らしていた頃は、母親が選ぶもの全てが気に入らず、母親も「もう、知らん。勝手にし。私は帰るから」とその場で喧嘩別れになることがほとんどだったらしい。

## 母親の思い

週に二回ほど利用しているヘルパーさんにはゆりさんと同い年くらいの娘さんがいるが、娘さんはすでに家庭をもって遠くに住んでいるので、ゆりさんを娘のように思ってくれたらしく、親身になって世話をしてくれたという。ただ、このヘルパーさんは、ゆりさんの身の回りのことをすべてやってくれるわけではなく、ゆりさんができることや自分が教えたらできそうなことは、「はい、やってごらん」と丁寧にやり方を教えてくれたそうだ。洗濯物をたたむ、部屋の片づけをするといった些細なことではあるが自分でできるようになったようで、「私、こんなこともできるようになったんや」とゆりさんの自信に繋がっていく様子がよくわかった。

ゆりさんの成育歴をみると、身の回りのことはすべて母親がしていたと記録されている。ゆりさん自身も面談の中で母親に迷惑を掛けてきたという文脈で「小さい頃からみんなができることができひんかったたし、迷惑を掛けたと思うわ。学校の用意とか、全部、お母さんがしてくれた。

ランドセルの準備とか何もできひんかって。魚も全部、骨とってくれて。なんやろ、ずっと赤ちゃんのままみたいな感じできたわ」と語っていた。できなかったのか、しなかったのか、させなかったのかはわからないが、一度、母親の面談で「ゆりは私の再婚のことは口に出してはいわなかったけど嫌だったのはわかっていました。その代わりといったらおかしいんですけど、なんでもやってやらなくてはと思っていたんです」と言ったので、母親の再婚に対する（本当はもたなくてもいい）罪悪感がゆりさんの生活スキルを奪ったという側面もあったのかなと思った。この言葉が語られたとき、「お母さんの人生とゆりさんの人生は親子といえども別のものなので、お母さんが再婚して幸せになることが娘に悪いなんて思わないでくださいね」と話した。そうはいっても、長い間心の中にあった罪悪感がすぐに消えるわけではないだろう。「もたなくてもいい罪悪感なのに苦しいだろうな。どうしたらいいだろう」と思っていたときに、ゆりさんから母親の再婚に関する話が語られた。ゆりさんもあれほどこだわった母親の再婚に対して

「今は再婚してくれて、ほんまに良かったと思ってるねん。お母さん、幸せそうやもの。お母さんには笑っていてほしいもの。」

と振り返って語ったので、ゆりさんの中ではある程度何かしらの整理がついたのだと思った。
「それ、お母さんに今度会ったときに言ってあげたら？　お母さん、喜ぶと思うよ」とお願いし

ておいた。ゆりさんのその言葉を聴くことができたらお母さんの心もずいぶん軽くなっていくのではないかと思ったからである。

また、母親は面談の中で、一番気になっていたことなのだろうが「ゆりが精神病になったのは私のせいでしょうか」と聞いたので、「お母さんひとりで子どもを精神病にする力はないと思っていますよ」と答えた。子どもが精神疾患を抱えると、その原因が自分にあるのではないか、育て方が悪かったからではないかと苦しむ母親は多いが、そんなことはないと私は思っている。確かに、継続的に子どもを傷つける関わりをしている母親の子どもが精神疾患に陥っている場合もあるが、母親自身も苦しんでいることが多く、母親支援やコミュニティでの支援を始めると、子どもはちゃんと投薬治療を受けながらも社会に復帰していく例をたくさん見ているからだ。

**ゆりさんは変わった**

ゆりさんは自分の内面にあった葛藤に対して内省したり、語り直ししたりしながら「やっと人生の軌道に乗ってきたような気がする」と言うので嬉しく思っている。前に、「これからの人生でどんなことをしたいか」という話をしたことがあり、そのときにゆりさんが言ったことは「人生の前半はむちゃくちゃ疲れることばっかりやったから、ちょっとゆっくりして、その後に、ピアカウンセラーとかしてみたい」と言っていたので、ときどき「そろそろ、ピアカン（ピアカウンセラー）やってみる？　研修やっている事業所を探そうか？」と軽く誘ってみるのだが、「あ〜、まだあかんな。もうちょっとゆっくりしないと無理」と笑いながらいなされることがほとんどだった。自分でもう少し時間が必要だとわかっているのもゆりさんの力だなと思った。ゆりさんが希望するピアカウンセラーの道に進むにはもうしばらく時間が掛かるだろうが、「やってみるわ」と言うまで待とうと思っている。

先日、担当の美香さんも交えて話をしたときに、「ゆりさんはすごく変わったね」という話になった。美香さんが言うには、「最初の頃は、通院同行でも、落ち着きがなかったし、『早く帰ろう』とか、これから薬をもらわなくちゃいけないって言っても『しんどいねん。早く帰りたいねん』とかすごい急かされたりしたけど(笑)、今は落ち着いて待てるようになったし、私に『付いてきてくれてありがとう』とか言ってくれるようになって、ほんまに嬉しいわ」ということだった。ゆりさんは美香さんの言葉に対して、「覚えてないけど、当たり前やん。付いてきてもらってるのに。ありがとうやん」と言うので、みんなで笑った。

## 8　家族と離れるということ

### 家族内で閉じる苦しさ

子どもが自立するということに一般的に考えられているモデルがあるとすれば、二〇代の半ばまでには就職し、ある程度経済的な目途がついたら結婚し、子どもを産み育て、親とは別の人生を歩んでいくという感じになるのだろうか。近年では、事実婚やシングル家庭など多様な家族形態が認められるようになってきたものの、まだまだ一般的に考えられているモデルのような人生が人にとっての幸せな形として人々の内面に存在していることは否めない。しかし、思春期や青年期に精神疾患を発症した場合、（私自身は「一般社会がイメージするような道筋」にこだわる必要はまったくないと思っているが、）もし、その道筋を歩みたいと思う人がいても、家族内で閉じている場合は少し時間がかかることがある。ゆりさんの場合も、措置入院に至る非常に厳しい状況になるまでは、ゆりさんも親も家族内での出来事として、いったりきたりを繰り返しながら、改善しない状況に苦しんでいた。そこには、世間にあれこれ言われたくないとか世間に迷惑をかけたくない、あるいは子どもの面倒は親がみるべきだなどの思いがあったからだろうが、家族内で閉じてしまって長く苦しい時間を過ごしていたのだ。

何年か前に、精神疾患がある成人の子どもを家でみていた母親が何度も骨折をするのでおかしいと思った医師から行政に相談があり、実は子どもから殴られたり蹴られたりしていたことがわかったという話を聞いたことがある。行政の動きは早かったようですぐに、母親と子どもを引き離し、子どもはゆりさんが居住しているようなＧＨに移り支援の対象になった。母親は「子どもの世話は私ができる」と子どものＧＨ入居に難色を示したそうだが、この母子分離も含めた支援によって、子どもの状態は落ち着き、やがて社会との絆を取り戻し、母親との関係も穏やかになったという。

**家族と離れることの意味**

家族と離れる年齢も考慮されなくてはならないが、成人になれば、家族と一緒に暮らすよりも、最初は嫌かもしれないが、家族から離れてGHやケアハウスで暮らすことによって状態も安定し、自分の人生を見つめるようになるのはなぜだろうか。一つには、物理的な距離が離れることによって親に直接「八つ当たり」ができなくなるというのも勿論あるだろうが、距離が離れることで客観的にお互いを見ることができるようになり、親の嫌なところ、いいところ、自分の悪いところ、いいところを切り分けすることができるようになるのではないかと思う。親だけが悪いんじゃない、子どもだけが迷惑かけてるんじゃないということを知ることで、双方がずいぶんと楽になるのではないかと思う。

ゆりさんの例に関していえば、離れて暮らすことでお互いを相対的に見られるようになったということと同時に、親からの世話から離れ、自分でできることが多くなりそれが自分の自信に繋がったことが大きいのではないかと感じている。精神疾患があろうがなかろうが、子どもはいつまでも親の庇護のもとに育つ存在ではない。親も子どもの巣立ちへの不安や寂しさもあるだろうが、親から離れ、周囲の人に助けられながら自分の人生を切り開いていく力が子どもにはあるのだと信じ、遠くから見守ることが結果的に子どもを育てることに繋がっていくのだろうと思う。

ゆりさんはいよいよ面談が終わりという日に「私、もう大丈夫とは言わないし、これから大丈夫じゃないときも絶対あるけど、困ったときはいろんな職員に聞きながら、なんとかやっていけると思うねん。山本さんもいろいろあるとは思うけど頑張りや」と言われたときには、情緒的な語り方が許されるなら、涙が出るほど嬉しかった。「自分なんて生きていても仕方がない」と語っていたゆりさんが、私のことまで応援してくれるようになったと思うと、本当に嬉しかったのだ。「ゆりさんも頑張りや。また会おうね」と心の中でつぶやいて四年に渡る長い面談は終了した。

**注**

（1）　ジストニアとは簡単に言えば、不随意で持続的な筋肉収縮を引き起こす神経疾患であり、その原因や症状はさまざまであるが、その原因の一つに、長期にわたる抗精神病薬服用で生じると言われていることもあり、ゆりさんは確かに長期間にわたって抗精神病薬を服用していたので、その副作用でジストニアの症状が出たともいえるが、よく見ていたら、本人は意識しているかどうかわからないが、通常、左に倒れているはずの首が、右に倒れていたり、何か夢中になっているときには傾きは見られなかったりと医学的な知識の薄い私には、よくわからないなと思うことがあった。ただ、面談が終了する頃には、斜頸は消失していたので、不思議だなと思ったことを覚えている。

（2）　グループホームとは「知的障害者や精神障害者、認知症高齢者などが専門スタッフまたはヘルパーの支援のもと、集団で生活を行う家のことで、知的障害者や精神障害者が自立的に生活出来るように組まれた生活援助事業としてのグループホームと認知症高齢者などが認知症の症状の進行を緩和させるため日常生活に近い形で集団生活をする介護サービスの二つに分けられている」とされている。ゆりさんが利用していたグループホームは、「障害者が独力で社会生活を送る上で能力の欠如している部分（金銭管理・食事・服薬など）

を支援スタッフが補いながら、小規模作業所における就労等での社会生活を順調に送ることができるように作られたもので、通常、五～六名で共同生活を送っているものである」と言われているものであり、小規模で家庭的なものであった。（厚生労働省「ｅ－ヘルスネット」https://www.e-healthnet.mhlw.go.jp/information/dictionary/heart/yk-089.html）

（3）ゆりさんが利用していた精神障害者地域活動センターは、主に精神障害者の生活相談とともに、障害がある人の居場所づくりを目的としている。地域活動支援の他に地域移行支援、地域定着支援を行っている場所である。

（4）措置入院とは「二名以上の精神保健指定医の診察により、自分を傷つけたり他人に危害を加えようとするおそれがあると判断された場合、都道府県知事の権限により入院となるものである」。（厚生労働省「みんなのメンタルヘルス　精神科の入院制度について」https://www.mhlw.go.jp/kokoro/support/hospitalization.html）
ただ、実際に措置入院になった場合は、仕方がない処遇とはいえ、本人の同意がないので、いつまでも「納得できない」「ショックだった」という言葉を聴くことが多い。そのため、この措置入院が家族への恨みに繋がっている場合も少なくない。

（5）身体拘束とは厚生労働省によると「本人又は周囲の者に危険が及ぶ可能性が著しく高く、隔離以外の方法ではその危険を回避することが著しく困難であると判断される場合に、その危険を最小限に減らし、患者本人の医療又は保護を図ることを目的として精神保健指定医の判断で隔離、拘束が行われる場合」がある。「ただし、こうした行動制限は必要最低限のものとされ、行動制限を行った場合は毎日診察してその必要性を判断したり、「行動制限最小化委員会」を設置して行動制限をできるだけ減らせるよう検討するなど、適切に行うもの」とされている。（厚生労働省「みんなのメンタルヘルス　精神科の入院制度について」https://www.mhlw.go.jp/kokoro/support/hospitalization.html）

（6）任意入院とは、患者に入院の意思があり、症状が改善し、医師が退院可能と判断した場合や、患者本人から、退院の申出があったときには、退院させなければならないことになっている。（厚生労働省「みんなのメンタルヘルス　精神科の入院制度について」https://www.mhlw.go.jp/kokoro/support/hospitalization.html）

（7）レスパイトとは、家族が患者の看病や介護によって精神的・身体的に休息が必要なときに、患者を一時的に病院に入院させることなどにより家族の心身の回復を図ることである。

（8）大阪市によると「障がい者基幹相談支援センターでは、障がいがある方やその家族等からの相談に応じて、福祉サービスの利用援助、社会資源の活用、ピアカウンセリング、権利擁護のために必要な援助、専門機関等の情報提供などを行うことにより、地域における生活を支援します。また、障がい者虐待に関する通報届出の受理や、障がいを理由とする差別に関する相談に応じます。さらに、各区地域自立支援協議会への主体的な参画や他分野の専門機関との連携、地域の相談支援を行う人材育成の取組などにより、地域における相談支援体制の強化に努めます」としている。（大阪市ホームページ　https://www.city.osaka.lg.jp/fukushi/page/0000007559.html）

（9）パノプティコンとは、フーコーが『監獄の誕生』で紹介したイギリスの功利主義者ベンサムによって考案された「一望監視装置」のことである。中心にある塔の周りを独房の集合した円環状の建物が取り巻いており、塔から各独房の内部までも見通せるようになっているものである。

## 引用文献

山本智子（二〇一五）「知的障がいがある人への支援における「当事者性」を問う――障害者支援施設（知的）における利用者と職員の語りから、その多様性を探る」『臨床心理学研究』第五二巻第二号、二五―三九頁

# 第2章　新しい世界に「跳んでみる」

## 1　淳さんとの出会い

淳さんが私の面談に訪れたのは三年前の冬のことだった。当時の淳さん（仮名）は三〇代前半で背が高く精悍な感じの男性だった。淳さんは精神科病院での入院は措置を含めて五回あると言い、一〇代後半からの十数年を病院や施設で過ごしたと語った。二〇代後半になり最後の精神科病院での入院を終えたとき、家族が自宅への引き取りを拒んだので、当時、障害者を受け入れていたサービス付き高齢者施設に入居した。しばらくは施設で生活していたが、単調な日々に焦りを覚え、そこを退去して一人暮らしを始めた。最初の入院時に医師からは統合失調症と診断されていた。その後、精神障害者保健福祉手帳の二級を取得した。通院しながらアパートで一人暮らしをしていたものの、福祉サービスの利用を希望したため、西成の相談支援につながってきた。

計画相談支援[1]の担当職員になった佐紀さん（仮名）からは、施設が運営するグループホーム（以下、GH）に入居する予定だということを聞いていた。その入居に先立ち、不安が強いという淳さんの訴えを聞いた佐紀さんから私との面談を勧められたそうだが、「心理士と話すのはちょっと」と拒否感を示していたらしい。面談直前に佐紀さんから淳さんのこの言葉を聞き、さらに「もし、ダメだったら途中でやめてもOKです」と言われたので、「え？　そんなに拒否しているなら時期を待った方がいいのではないか」と思ったが、そのまま面談室に案内され淳さんに会うことになった。

淳さんは私を見るなり、「心理の人と聞いていたので、白衣を着て、事務的な口調で自分が聞きたいことを淡々と聞く人かと思っていたけれど、違っていたので良かった」と言った。私のどこを見て安心したのかはわからなかったが、とりあえず、お互いに「良かったね」と笑い合い、継続的な面談をすることになった。

私は病院で働く心理士にほとんど会ったことがないので、実際に白衣を着て相談を受けるのかどうかはわからなかったが、淳さんが入院していた病院ではそうだったのかなと思った。そこで、「病院では心理士からカウンセリングを受けた経験があるのですか？」と聞くと「ないです」と言うので、淳さんの中の心理職のイメージが「白衣を着ていて、事務的な口調で自分が聞きたいことを淡々と聞く」というあまり好ましくないものなのだろうと思った。

この白衣に関してはいろいろな場所でいろいろな話を聞いたので少し触れておきたい。施設の利用者と街中の精神科クリニックに同行することがあるが、最近は診察室で白衣を着ているお医者さんを見ることが少なくなってきた。白衣らしきものを着ていたとしても、薄いブルーやパステル色を選び、できるだけ患者さんに威圧感を与えないように心がけているらしい。確かに、白衣高血圧(2)や白衣を見ると痛いことをされるのではないかと何かをされる前から泣いてしまう子どもがいるという話を聞いたこともある。一方、精神科の医師の中には、「カウンセリングの枠組み」を明確にするためにあえて白衣を着ているという先生もいる。つまり、白衣を着ている私は治療者で、白衣を着ていないあなたは治療を受ける人だということを白衣によって線引きし、お互いを守る枠組みにするということである。こうしたことを考えると、白衣というのは単なる「ホワイトコート」でしかないとしても、双方にとって大きな意味をもつものになっているのだと思った。そして、淳さんにとっての白衣は「好ましくないもの」として捉えられているのは確かであった。そして、その理由は淳さんが後に語った措置入院したときのエピソードからわかることになる。

## 2　精神科病院への入院

淳さんは、一〇代後半で措置入院を経験している。これが初めての精神科病院への入院であったそうだ。なぜ精神科病院への入院に繋がったのか。そしてそれがなぜ措置入院という形になったのかについて淳さんはこう語っていた。

「突然ですよね。夜中に警察が二人で部屋に入ってきて、羽交い絞めですよ。そのまま病院に連れていかれました。何が何やらわからないままに、病院ですよ。その間の記憶はあんまりないんですけど、暴れたんでしょうね。気が付いたら両手、両足、縛られた格好で、真っ白い部屋で真っ白い服を着ていた人たちに取り囲まれていたことは覚えています。」

淳さんは幼少期から大人しい性格だったそうだ。家族以外とはあまりしゃべらない子どもだったらしい。幼稚園や学校に通うようになりクラスメートから何か嫌なことを言われても、内心では腹が立つことも多かったようだが、言い返すこともできず、我慢を重ねていたという。それが、中学校にあがった頃にクラスで壮絶ないじめを経験し、学校に行けなくなった。それ以来、中学には通わず、ずっと家の中で過ごしていたという。それでも高校だけは行かなくてはいけないと思ったそうで、単位制高校(3)に進学した。そこでは嫌なことを言うクラスメートはいなかったものの、友人と呼べる人もできなかった。

高校に入ってからも、中学時代にクラスメートから言われた「死ね」「きしょい」という言葉が心から消えず「人が怖い」「自分は死んだ方が良いのだ」という気持ちを常に抱えて生きてきたという。そのため、なんとか高校は卒業したものの、そのまま家に引きこもってしまったのだ。引きこもっていたときに、そんな状態の自分に対して近所の人が悪口を言っていると感じ、その仕返しに爆音で音楽を流すようになったという。夜中でもおかまいがないため、何度も警察から注意を受けるが、再三の注意にも関わらず改まらなかった。ある日、近所からの通報を受けた警察が両親の許可をとって本人の部屋に入室してきたそうだ。淳さんは複数の警察官が突然部屋に入ってきたため、抵抗して大暴れをしたらしくそのまま警察署に連行された。警察署では混乱がひどく、まともに意思疎通が図れないため、精神科病院に措置入院となったらしい。

**淳さん**：部屋に突然入ってくるとか。人権意識の欠片も感じられない扱いやと思います。だって、そもそもは近所の人が悪口を言っているのが悪いんですよね。僕が悪いわけじゃないのに、「なんでこんな目に」って思いました。

**私**：そうやね。確かに、措置入院になったときの話は厳しいよね。警察が突然部屋に入ってくると驚くだろうし、怖いよね。

**淳さん**：怖いですよ。警察って身体がでかいですからね。それだけど、ビビりますよ。ひどい話ですよ。

**私**：淳さんも体格がいいけど、それでもビビったんやね。それでそのときには抵抗したの？

**淳さん**：当たり前じゃないですか。不当もいいとこなんですから。何の権利があってそういうことをしてるのかもわからなかったし。

淳さんは、なぜ警察が自分の部屋に突然入ってきたのか、なぜ連行されたのか、なぜ精神科病院に措置入院しなくてはならなくなったのか、その理由がわからないから抵抗したという。そして、淳さんが今でもこの入院に対して「不当だ」と憤りを感じているのはいまだにその理由に納得していないからであろう。

この措置入院という制度に関して、西成の職員さんに聞いたことがあるが、「何かの原因があって、たぶん暴れたりして、本人さんが危ない目にあいそうだったり、家族や周囲の人たちに危害が及ぶ可能性があるって思ったら警察に助けを求める場合はありますね。それで、警察が来て、警察でも手に負えないっていうか、精神的に混乱しているとか錯乱しているって判断されたらそのまま病院っていうこと、少なくないと思いますね」と教えてくれたので、淳さんだけの話ではないのだろう。この措置入院から数か月間を病院で過ごして自宅に戻ってきたが、自分の状態が不安定になると「ちょっと入院したい」と任意入院を希望したので、結局、措置入院を合わせると合計で七回の精神科病院への入院を経験したそうだ。

## 3　僕は捨てられた

### 淳さんの思い

措置入院から始まり、一〇代後半からの十数年を精神科病院と自宅を行ったり来たりして過ごしていた。しかし、最後の退院のときに、家族が引き取りを拒んだため、障害者も受け入れる高齢者施設に仕方なく入所した。退院後、親が自宅への引き取りを拒否したことについて淳さんはこう語っていた。

**淳さん**：え～、なんで引き受けてくれへんのやろって思いました。ずっと引き受けてくれてたのに。なんで、あかんようになったんかって思いました。

**私**：親ごさんに聞いてみたんですか？

**淳さん**：聞くもなにも、それからしばらくは親に会うこともできなくなっていて。なんでやろって想像するだけしかできませんよね。「なんでやろ？」「なんでやろ？」て。で、わかったんですよ。僕は遂に親に捨てられたんやなって。

**私**：……捨てるなんてことはないと思いますけど、なんでそう思ったんですか？

**淳さん**：最初の入院（措置）のときのことなんですけど、警察に羽交い絞めにされて、僕はいろいろ言ったと思うけど、僕の思いはまったく聞いてもらえなかった。僕はもともと困っていることやもやもやしていることを言葉にして上手に相手に伝えることが苦手やったんですよ。だから、警察が来たときも家族や近所の言い分が一方的に通って。「違う」って言っても、それは聞いてもらえなかった。親でさえ、なんか怪物を見るような目で僕を見ていて、警察に連れて行かれる僕を見て、ほっとした顔をしたんです。だから、何回も同じことをやってしまう僕を遂に見捨てたんやなって思ったんです。

**私**：……自分の思いをどこかで伝えることはできたの？

**淳さん**：そんなこと……。家族や近所の言い分を一方的に警察や医者みたいに力を持っている人がすべて正しいと解釈して。僕はおかしい。狂ってるってされたんですよ。言ってどうなりますか？　初めからストーリーは決まっているんですから。入院ていう。

この最初の措置入院という出来事は淳さんにとって忘れられない傷として残っていた。措置入院に至るには、淳さんはかなり抵抗して暴れただろうし、周りからは精神が混乱あるいは錯乱していると思われたのだろう。しかし、そんな淳さんを見て家族はいたたまれない思いを抱えたのではないだろうか。淳さんが語るように、混乱して暴れる自分の子どもを怪物のように捉え、精神科病院に移送されることでほっとしたいと思う親がいるのかどうか私にはわからない。しかし、仮にそう思ったとしても、一時的なものではないだろうかと思いながら淳さんの話を聴いていた。確かに、淳さんには家族の様子がそう映ったかもしれないが、家族もそうせざるを得ないと思いながらも心の中では苦しみや痛みを抱えていたかもしれない。

## 母親の思い

このことに関しては、支援を組み立てるにあたり、担当職員の佐紀さんが淳さんの母親の思いを聴きとっていたので、ここで紹介したい。母親が語るには、淳さんは不登校になって以来だんだんと変わっていったと感じていたそうだ。話をしていてもまともに通じず、急に激昂したり、気に入らないことがあると刃物を持ち出すようになってきたので、「いつか何かの事件になるのではないか」と思いながらも、どこに相談して良いかわからない恐怖と不安を抱えた時期を過ごしていたらしい。学校に在籍していたときはそれでも担任の先生に相談することができたが、卒業後はぷっつりと社会との絆を絶たれたように感じたそうだ。それ以来、「親が一生、見ていくしかないのだな」『誰も助けてくれないんだな』という諦めにも似た思いを抱えながら、そして近所に気兼ねをしながら、淳さんを怒らせないないように気を遣いながら暮らしていたという。それが、措置入院という形であっても、「今まで世間に知られないようにと考えていたけど、こんなに大事になってしまって恥ずかしいと思う反面、もう隠さなくてもいいんだ。助けてもらおう」と思えたそうだ。入院するたびに、退院後は家庭に引き取っていたが、病院での生活が不満だったのか、より家族にきつく当たるようになり、家族はすっかり疲弊してしまったという。特に母親は心身の不調を抱えていたため、淳さんとの関わりが負担になってきていたことは確かだったという。そのため、何度も繰り返される入退院に「このままでは何も変わらない。なんとかしなくては」という思いを抱えていたそうだ。そして、最後の入院で病院からそろそろ退院だということを聞いたときに「淳の自立のためにも、私たちと暮らすよりも、少しでも社会と繋がりのあるところにいけば、症状も良くなるのではないか」と父親と相談して、病院で受け入れてくれる施設を探してもらい、退院後は自宅に引き取らず、その施設に入所してもらうことにしたということである。母親の話を聴くと、淳さんが語ったように「親から捨てられた」わけではなかったのだ。

この話を聴きながら、ある強迫性障害の青年と母親の話を思い出した。彼はまだ精神科病院に入院中だったが、退院後に施設のＧＨを利用することが決まっていたので、担当になる職員と一緒に母親からこれまでの経緯を伺うことになったのだ。彼も、家庭内暴力が原因で警察が介入し措置入院になっていた。今は病院で治療を受けている。母親と職員との三人で、彼が今後地域で暮らしていくためにどんな援助が考えられるかを相談していたのだが、そのときに息子が措置入院に至った経緯や思いについて母親が語った言葉が胸に残っている。

「暴れているときは、自分の息子でありながら、別の生き物のように感じて怖かった。顔も赤く膨張して、目は吊り上がり、何を言っても通じない。顔つきが別人のように変わり、髪の毛も総毛立ち、私に何か叫びながら向かってくるんです。怖かったです。」

その青年は家族を巻き込む形で強迫行為を繰り返していたそうだ。お風呂場で何時間も身体を洗い、家族が風呂を使いたいと言っても許さなかった。家族が入浴するためには、無理やり青年を浴室から引っ張り出すしかなかった。そのたびに、暴れたのだ。その母親は別人のようになった息子を恐れ、なるべく刺激しないようにしていたのだが、ある日、「病院に行こう。病気を治そう」と言って、息子から浴室にあるドライヤーで何度も殴られた。このままでは殺されるかもしれないと他の家族が警察を呼んだ。そして、彼はそのまま措置入院になった。家族は「これで良かったんだろうか」とずいぶん悩んだらしい。特に、母親は、警察に連れて行かれる息子を見て涙が止まらなかったそうだ。「多分、あの時の息子の顔は一生忘れられないと思います。かわいそうだと思いました」と語っていた。この青年の場合も、連れて行かれた本人だけではなく、連れて行かせることになった家族も傷ついていたのだ。この青年は母親に「何かを叫びながら向かってきた」という。その「何か」は暴力への恐怖が大きすぎたため、伝えようとする母親には届かなかったのだ。そのとき彼は何を言いたかったのだろうか。とても大事なことを母親に伝えようとしていたのではないだろうか。そして、私たちも聴かなくてはいけないとても重要なことだったのではないかと思った。淳さんも警察に連行されるときに「(自分の言いたかったことは)聞いてもらえなかった」と語っていたが、どんな思いを伝えようとしていたのだろうか。

## 4　僕が言いたかったこと

**淳さん**：とにかく、自分じゃない。自分が悪いんじゃない。僕はしゃべるのや説明するのが苦手だからうまく言えないかもしれないけど、僕が悪いんじゃない，近所が僕の悪口を言うから聞こえないようにするために、爆音を流していただけやて。

**私**：ずっと悪口が聞こえてたんですか？

**淳さん**：その頃はずっとです。それを聞きたくないから爆音で音楽を流してたんです。親もそれは言ってました。近所が迷惑してるって。

この当時は、高校は卒業したものの、中学校でいじめられた経験から、人が怖くて外に出られず、常に「死にたい」「死ななくては」という思いが強い時期だったそうだ。そんな生活の中で音楽を聴くことだけが楽しみだったらしい。音楽は淳さんにとって「ある種の精神安定剤」だったらしく、嫌なことをすべて忘れるために大きな音で聴くこともあったそうだ。しかし、親から注意されるようになったことがきっかけで、だんだんと淳さんに対する近隣からの悪口が聞こえるようになってきたという。その悪口を聞かないようにするために、音量はさらに大きくなっていった。実際に、近所の人たちが淳さんの悪口を言っていたのかどうかはわからないが、爆音で音楽を聴く淳さんに「ちょっと音量を下げなさい。近所の人に迷惑だ」と諭していた親の言葉が「妄想」や「幻聴」といわれるような症状に影響したのかもしれない。淳さんは誰か近所の人が親に「迷惑だ」と言ったので親がそう自分に注意したと思い込んでしまったようだ。街中で隣の家との境がほとんどない場所に住んでいたため、たとえ近所からの苦情が出なくても親としては当たり前の声掛けだっただろう。しかし、当時の淳さんの生活を支えていたのが音楽だけだったたと思うと、それを近所の人からの苦情で奪われそうに感じた淳さんにとっては耐えられないことであったとも思う。近所の人からすれば迷惑な行為だったが、淳さんの視点から考えると「防衛のための行き過ぎた攻撃」といった側面を示していたのかもしれない。

**私**：音量を下げて音楽を楽しんだら、もしかしたら、問題はなかったかもしれませんね。

**淳さん**：その頃は、本当に悪口が聞こえてくるから、こっちも必死。聞こえないように、そればっかりですよ。

現在は実家にも年に数回は帰ることがあるというので、「今はどんな感じですか？」と聴くと、「今は、病院で治療したし、薬も飲んでるから、そんな声は聞こえてはこないです」と言っていた。「ただ、あれ以来、親を信用することが、ちょっと」と言い、正月やお盆には帰るようにしているが、長居はしないと語っていた。「あれ以来」とは、退院後に淳さんが自宅に帰ることを親が拒否したと感じたとき以来のことらしい。しかし、これは母親が佐紀さんに語ったように、母親が疲弊していたのは事実だが、淳さんの自立を促そうという意味があったり、淳さんの世界を家庭だけではなく外の世界に広げようという気持ちもあったのだが、その母親の思いは「口ではどうとでも言えますよ」と言う淳さんには伝わってはいないように感じた。淳さんが母親のこうした言葉を聴いてもいまだに「拒否された」と受け取っているかぎり、それは動かない事実として淳さんの内面に取り込まれているのだ。このままでは淳さんも家族もしんどいと思うので、いつかそれぞれの思いを深く繋いでいくことが必要だと思った。しかし、まだその時期ではないのかなあと感じてもいた。では、こうした出来事がある前の親子関係はどのようなものだったのだろうか。

## 5　話がズレる

「小さい頃からの、ご両親との関係はどうでしたか？」と聴くと、「兄弟がいなかったから、すごく親の意識が僕に集中していたように思います」と言うので、「一人息子だから、ずいぶん大事にされたのかな？」と冗談っぽく聴くとこう答えた。

「大事にされたかどうかっていうのはわからないですけど。過干渉っていうのか。とにかく自分の思い通りに僕を動かしたいんかなて思っていましたね。それに……小さい頃からずっと思っていたことなんですけど、家族と話していると、ズレるんですよね。とにかく、自分が思っている返答はまずこない。」

私は淳さんの言葉に思わず「どうズレるの？」と聴いた。小さな子どもが「ズレる」と感じるような対話とはどういうものなのだろうと驚いたからだ。

「家族と話すと、今、自分が言いたいことが何なのかわからなくなってくるんですね、まず。だから、めんどくさくなって途中でしゃべるのを止めてしまうっていうのが多かったように思います。それに、僕自身も家族が何を言ってるのかもわからない。なんでなんでしょうね。同じ日本語をしゃべってるはずなのに、全然、わからなくなる。」

対話をしている相手と「話がズレる」という経験は私にもある。相手と話をしていて「ん？」と私が思えば、大概の場合、相手も「ん？」と思っていることが多い。そういうときはいつも、発達心理学の中で学んだピアジェの「三つ山課題(4)」という実験が頭に浮かぶので、ズレを生じさせている事柄に対して、自分がどこに立っているのか、相手がどこに立っているかを探りながら、同じ光景を見ることができる場所までスライドしていくようにしている。そもそも、三つ山課題とは、ピアジェが「子どもはどのように他者の視点を理解するか」を調べるために行った空間認知実験のことである。子どもは発達するにつれて、自己中心性から抜け出し、他者の視点が取れてくると言われているものだが、私は大人になっても人と人が対話するとき、特に対話が上手くいかないときには乗り越えられていない課題だなと感じることがある。いわゆる、自分が見ている光景を相手も見ていると思い込んでしまうがために、相手が何を見ているのかをイメージできなくなるのだろうと思う。淳さんにも家族との対話の中でこうした「ズレ」が生じていたのだろうか。

**私**：ご家族と話していて、どういうときに、ズレると感じていたんですか？

**淳さん**：まず、話しているとき、自分が言っていることが理解されないというか。親の表情を見ていたら、わかりますよね。Aということを話したいのに、親にとってはAじゃなくて、Bになってるんですよね。

**私**：A′、ではなくて、Bに？

**淳さん**：そうです。そうです。A′だったら、まだましですけど、Bなんですよ。まったく違う話になってる（笑）。親がおかしいんじゃないかと思うことばっかりでしたよ、僕じゃなくってね。

**私**：そういうときにはどうするんですか？

**淳さん**：……どうもしないです。そういう話をしないだけです。仮に話をするときがあったとしても、（家族にとって）YESと思う話しかしません。NOと言われるのが怖くて何も言えなくなっているんで。でも、それぞれの生活の中でしょうがないんですよね。それぞれが個人のことを抱えて、僕にかまっている暇はないと思ってるから、基本、何も言わないし、言うとしてもYESだろうなという話だけです。

淳さんは、自分が話そうとしていることを家族が違う話にすり替えてしまうと語った。家族からしたら、同じ根をもつ話をしていたのかもしれないが、淳さんにはそうは思えなかったのだろう。そのため、「話が通じないから家族と話をするのが面倒になってきた」ということだった。これについては、序文を書いてくださった成田先生が以前のセッションの中で、患者さん側に何かの症状があって、家族からしたら支離滅裂な話だと思いながらも対話を続けていると、家族自身のコミュニケーション水準も低下することがあるとお話しされていたので、淳さんが混乱の中で訴えようとしていたことが、家族には理解できず、家族自身の応答も主題から外れていったという可能性もあるのだろうと思った。

いずれにしろ、こうした経緯を経て受け入れてくれる施設に入所し、通院治療を受けながらそこで数年間を過ごした。この数年間のことを「ただただ、寝て過ごしただけ。寝たきりですよ。何もすることがなく、何も希望がなく、少しでも早く命が尽きることを祈って、その日を過ごしていただけ」と語っていた。

## 6　そして西成へ

しかし、淳さんは寝ている間にいろいろと考えたらしく「このままこの施設で死ぬのは嫌だ」と思ったそうで、施設の退所を希望した。淳さんは大阪の近隣にある地方都市に住んでいたが、

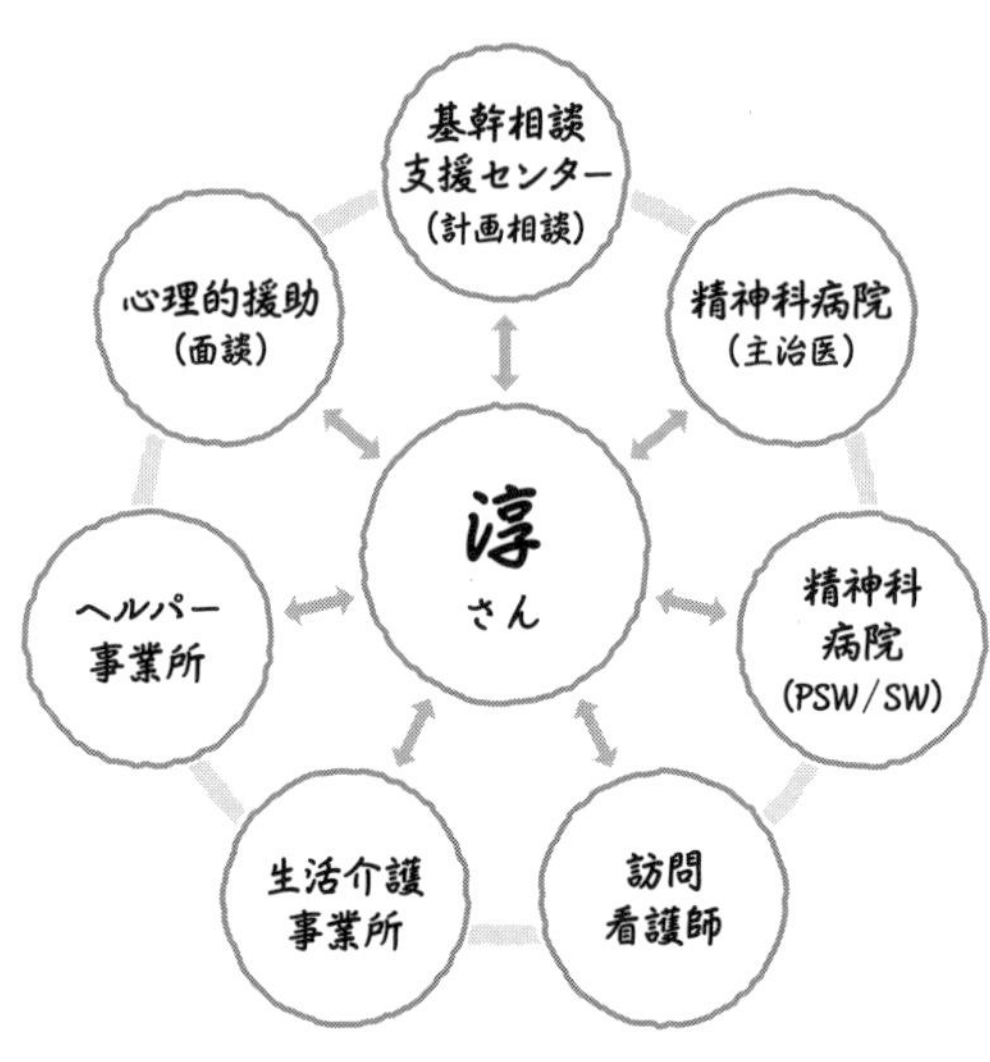


淳さんの支援図

通院している病院のＰＳＷ（精神保健福祉士）から「自分はかつて西成で働いていたことがあるけど、支援が厚いし温かいよ」と聞いたらしく、西成の基幹相談支援につながってきた。現在は、西成でサポートを受けながら一人暮らしをしているが、いずれＧＨに入居したいと考えているという。

ただ、サポートを受けて、だいぶ楽になってきたものの、いまだに精神科医療に対する不信感や、誰ともつながりたくないという思いは強い。「外側の世界が怖いし、基本、人は自分を傷つけるものとして認識している」という淳さんに西成の援助は細やかである。まずは生活を整え、必要なサービスを提供し、仲間を増やし、まだまだ若い淳さんがこれからの人生を前向きに生きていってもらえるように、淳さんにとっては心地よい距離を保った援助がなされていると感じる。佐紀さんと面談の予約が入っていても「今日は誰ともしゃべりたくない」と言えば、「はい、はい、大丈夫。しゃべりたくなったら連絡してね」と淳さんがその気になるまで待っている。ただ、淳さんの状態は、常に訪問看護師やヘルパー事業所、利用している生活介護の職員たちと情報共有していて、淳さんがしんどくなっているんじゃないかと思ったら、「どうしてる？　近所まで来たから寄ってみてん」と突然、アパートを訪ねることもあるという。「淳さんから『なんで来るねん。めんどくさい』と文句言われることもあるけど、へへへとか笑いながら様子だけ見てくるっていうのもちょいちょいやってます」と笑う。佐紀さんは相談支援員として、押し付けることなく、罪悪感を覚えさせることなく、今の淳さんの援助に何が必要かを常に考えているという。その中の一つに、強引ともいえる私との面談もあったのだ。

## 7　「死にたい」

### チームによる対話と支援

淳さんは、初回の面談のときから「死にたい」「死んでしまいたい」とばかり言っていた。私は、どの人からも「死にたい」という言葉を聴くととても動揺する。「死なしてはいけない」と思うからだ。心理に携わっている人だけではないだろうが、人から「死にたい」という言葉を聴けば、私と同じような思いを抱えるのではないかと思う。「自分の生き死に」を決めるのはその人の権利だという人もいるが、私にはとうていそうは思えない。死にたいくらいしんどいのなら、その人がしんどいと語る具体的な部分だけでもなんとかしたいと思っている。たとえ、個別に話を聴かせてもらったとしても、その人が孤立しないように、少しでも多くの人に繋いで、そのしんどさを具体的に取り除いていきたいと考えている。みんなで関わったらいろいろな知恵を出しながらなんとかなるのではないかと素朴に信じているからである。淳さんの場合も、淳さんをはじめ、担当の佐紀さん、ヘルパー、訪問看護師、精神科の主治医、ＰＳＷやＳＷ（社会福祉士）といった多くの人が支援チームに関わっている。もちろん、保護者もチームの一員となる。これが、西成の支援の基本である。

どこかでこの話をしたときに、「ケース会議なんかでそれだけの異なる立場の人たちが集まるともめませんか？」と聞かれたことがあるが、少なくとも私は（鈍いのかもしれないが）「もめる」といったことを感じたことはない。意見が異なることはあったとしても、「その人がその人らしく生きていくために」という支援に対する揺らがない理念が基盤にあるので、その人がどうしたいかを中心に計画を立てていくからだ。とはいえ、本人の希望や自己決定がいつも通るとは限らない。他の専門職同士の意見の相違があった場合でも、「なぜ、○○は無理なのか」「なぜ、○○に同意できないのか」をお互いが納得できるまで丁寧に対話していくようにしている。そうすると、ちょうどいいところに着地していくことが多い。特に、淳さんのように「死にたい」という希望を通すわけにはいかないので、死なないためにどうしたらいいかを本人と一緒に考えていく作業をするのである。

そのため、淳さんの「死にたい」をめぐる対話は何度も繰り返された。

## 母親に受け入れられなかったという思い

**淳さん**：常に死にたいと思っているんです。

**私**：そう思うようになった直接的な原因とかあったんですか。

**淳さん**：中学のときにいじめにあったっていう話をしたと思うんですけど、ずっと「死ね」「きしょい」って言われ続けてきて、その頃から「死んだ方がいいんかな」て思ってました。

**私**：今もですか？

**淳さん**：それはいつもです。僕みたいな人間、生きてても仕方ない。なんの楽しみもない。希望もない。生きてても仕方ない状態ってこんなことというんかなって思いますよ。精神病で家族のやっかいもんで、生きてても仕方ないでしょう。

**私**：病気は投薬治療を受けて症状もかなり落ち着いてるように思いますよ。そこは病院の先生に助けてもらいながらいけるところだと思いますよ。それにご家族にとってやっかいものなんてこと。そんなことはないと思うんですけど、なんでそう思うんですか？

**淳さん**：……中学のときに、「死ね」とか「きしょい」って言われたて言ったでしょう？　親もおんなじことを僕に言ったんですよね、そのとき。

**私**：……同じこと？

**淳さん**：クラスの奴らにこんなこと言われたって、思い切って母親に言ったときに、「へぇ～、確かにそうかもな」て笑われたんですよ。親も僕に「死ね」とか「きしょい」って思ってたんか？　と思いました。

淳さんの中にはこのときの母親の言葉が深い傷として残っているんだなと思った。しかし、私に対しての「死にたい」と言うときの口調や表情はいつも明るいので、言葉と内容との間に違和感を覚えることがあった。当時、悩んだ末に思い切って親に告げたときも冗談めいていて明るい口調だったのだろうか。そのため、母親も冗談として返したのかもしれないが、淳さんにとってそれは冗談ではなかったのだ。私が淳さんのこの言葉を聴いて思わず息をのんだのがわかったのだろう。淳さんはこう続けた。

**淳さん**：これを聞いてなんて親だと思うかもしれませんが、僕と母親の関係はいつもこんなもんなんです。小さい頃から、親の愛情を受けたという感じはまったくしていません。過干渉ではあったけど、肝心なときには突き放すていうような感じですね。

**私**：たとえば？

**淳さん**：一番、小さいときの記憶なんですけど、お盆って先祖の霊が帰ってくるとか言われててやっぱり怖いんですよね、子どもだから。それで、母親に抱っこしてもらいたかったんだと思うんですけど、母親の腕の中に身体を滑り込ませた途端に「暑いからあっちへ行け」て突き飛ばされたことがあるんです。僕はそのときどう思ったのかなあ。寂しいって思ったのかな。とにかく、仏壇のある家の中にいたら怖いから、庭に出て地面に何か絵を描いていたのを思い出します。あ〜、でも、描いているふりだったのかもしれないなあ。ただ、落ちてた枝でぐるぐる地面をなぞっていただけかもしれん……。こんな感じのことが、たくさんありましたよ。一番、頼りにしたいときには冷たく突き放される経験、たくさんありましたよ。

実際にこういったことがあったかどうかはわからないが、淳さんの記憶の中には母親に受け入れられなかったという哀しい体験が沈んでいるのは確かなことであった。

## 8　母親との関係を結びなおす

### 母親からの心理的分離

佐紀さんの話によると、実は母親も淳さんを産む前からメンタルに不調を抱えていて、長い間心療内科に通院していたという。不安障害と診断されていたらしい。淳さんも今ではそのことを知っているが、子どもの頃にはまったく聞かされていない話だった。ただ、母親に何らかの精神の不調があれば、そのときの状態によって淳さんへの関わりが一貫せず、淳さんが「冷たい」と受け取るような関係性がそこにあっても理解できないことはない。現在は、母親の症状は良くなったようで心療内科への通院もしていないが、淳さんのことで眠れない日が続くと睡眠導入剤だけもらいにいくという話だった。

私はこの話を面談が始まってしばらくは知らなかった。佐紀さんが言うには支援が始まってから何度か家族と面談をした中で出てきた話だといい、すぐに私に繋いでくれたのだが、淳さんがそれまで私に語ってくれていたことが少しだけ理解できるような気がした。そして、それぞれのしんどさが、ときに関係を崩しただろうがそれでも寄り添い、離れたり近づいたりを繰り返しながら家族として生きていたのだろうと感じた。

私が援助している親子の中には、母親の精神疾患が子どもの状態に大きく影響している事例が少なくない。西成だけではなく、子どもの支援に携わっている人は口をそろえて「お母さんがメンタル（精神疾患を抱えている）のところは子どもがしんどいよね。お母さん支援が優先やな」と言う。特に子どもが小さい場合は親の精神状態がその育ちに大きく影響するものだと思う。私が関わった別の事例で、双極性障害と診断された母親と発達に課題がある子どもに対する西成でのコミュニティ支援がある（山本、二〇二二）。簡単に内容を説明すると、母親に双極性障害があり、その症状のせいで感情の波が大きく揺れ動く中で、思い通りにならない子育てが大きな負担になりついに子どもに手をあげるようになった。メンタルクリニックの医師に「このままだったら殺してしまう」と訴え、医師が行政に相談したことから私がフィールドワークをしている施設の療育相談室に繫がってきたという事例である。この事例では、孤立していた母親と子どもが、支援という輪の中で、再び社会との絆を取り戻していくプロセスを経て、結果として母親の状態は安定し子どもの発達も問題とは捉えられないように育ってきた。

では、淳さんと母親との関係を育てていくにはどうしたらいいのか。精神疾患を抱えている人と親との関係は密着している場合が多いので、母子分離の支援をすることによって、関係性がよくなるというのが広く知られていることである。しかし、淳さんの援助者たちと話をする中で「どうしようか。難しいね」という話になった。なぜかと言えば、淳さんの場合は、母親には年に数回しか会わないということもあり、物理的な分離はできていると考えられるが、淳さんの内面にいつまでも母親とのネガティヴな記憶があり、それが「死にたい」ということに繫がっているのであれば、客観的に母親を捉えることができるような「心理的な分離」が必要だという話になったのだ。母親にはある程度の話はできても、それが母親を苦しめることになってはいけないので、まずは援助者が何かできないかと考えた。担当職員の佐紀さんはこう言った。

「私が考えるに、三〇歳を過ぎているとは言え、精神科病院や施設での生活が長かったので、社会というものをあんまり体験してないっていうのがまずあって、しんどいときには家族にこれ言われた、何されたっていうところにいってしまうんかなあと思うんです。だから、淳さんがいろんな人に会って、いろんな人がいるんやなっていうのをわかってもらえるような活動を提案してみようかと思うんです。」

援助者の中でも「それはいい考えかもしれない」という話になり、淳さんと通院同行している男性の訪問看護師も「僕も同じ年くらいやから、淳さんが何に関心があるのかを通院について行くときに聞いてみます」ということになった。淳さんが週に二回利用しているヘルパーも「私はちょうど淳さんのお母さんの年代やし、子どもとの間でしんどいこともあったから、『自分語り』みたいな感じで、部屋の掃除とかしながら、そんなんを言うてみますわ」と言ってくれた。私は相変わらず、淳さんの「死にたい」という言葉を聴いたときには、視点が転換するような話をしてみるねということになった。

## 死にたくなる理由

その後の面談の中でもまた「生きていても仕方がない」「死にたい」という言葉が出たので、思い切って「今、楽しみや希望がなくて、『生きてても仕方ない』って思うような状態だから、死にたいと思うんでしょうか？」と聴くと、淳さんは「それはそうでしょう」と言うので、「だったら、楽しみや希望が出てきたら、生きていこうと思いますか？」と聴くと「それはそうです」と言うので「だったらみんなで一緒に探しましょう」と言った。しかし、淳さんはこう続けたのだ。

「二〇代後半からの十数年、精神科病院と施設で過ごしたという話をしましたけど、そこが自分の人生の中から抜け落ちているっていう感覚わかりますか？　取り返しのつかない、たぶん、人にとって一番元気で楽しかったはずの時間を僕は失ってるんですよね。これから生きていてもなんの意味があるんでしょうか。」

この言葉を聴いて、淳さんが死にたいと語るその理由の一つにこの「失われた時間」が深く根付いていたのだなと思った。淳さんはまたこう聞いた。「僕は本当に精神病だったのでしょうか」と。「そのときは医師が診断したのだから、そういう症状はみられたのでしょう」と答えながら、私自身も精神病って何だろうと考えていた。彼らの話を聴く中での感覚ではあるが、精神病は発達障害の二次障害に繋がる要因として言われているように、その個人の自我の強さや弱さなど遺伝も含めた個人がもつ特性と、周囲の人的・物的環境との相互作用によって発症しているのではないかと思うことがある。

たとえば、自我が弱い人であっても、その人に掛かるストレスが小さい場合は発症しにくいだろうし、その反対に自我の強い人でも、その人にとって背負いきれないようなストレスがあれば発症する場合があるだろうと考えているのだ。そのため、「大きなストレスがなかったら、もしかしたら発症していなかったかもしれませんね」と答えておいた。淳さんは「そうでしょうね。いじめがなかったら、小さいときからの親の僕を否定するような対応がなかったら、その年月を失わずに済んだんかな。そう思うと死にたくなるんです」と言ったのだ。確かに、失った時間は二度と戻ってはこないけれど、生きている限りこれから新しい時間を作っていくことはできる。「淳さんはこれから、どんな楽しい時間でも作っていくことができるんですよ。一緒に前に進んでいきませんか」と話したが、淳さんからの返事はなかった。

## 9　失った時間を取り戻すために

### 「普通」ではない

それからの面接では「死にたい」という言葉を聴くことはあまりなくなった。その代わりに、自分のことを知りたいと思ったようだ。そういう内容が面談の中心になってきていた。ある日の面談では、「客観的に物事を見るって具体的にどういうことなのかを教えてください。よく人は自分を客観的に見るとか言うじゃないですか。みんなはそれができるんだろうけど、僕はそれができないことが問題なんです。主観的にしか物事を捉えられなくて」と言うので「どういうときに、自分を客観的に見られないと思うんですか？」と聞くと「たとえば、服装ですね。山本さんの服装は無難だけど、僕は僕が着たいと思う服を着ていて、人から『変だな』と思われてるんだろうなあとは思うけど、自分ではあまり気にしていないというような点です」と言うので「それって、人から『変だ』と思われているって感じている時点で自分をある程度客観的に見てるってことじゃないのかなあと思うけど」と答えた。「そうなんですかね」と言い、「じゃあ、僕は客観的に見ることができているってことですね。むしろ、客観的に見過ぎてしんどくなってるのかもしれないな」と笑った。

「確かに僕は人からどう思われているのかがいつも気になって。人のことばかり気になって生きているのがしんどくなっていました」と言うので、「たとえば、どんなこと？」と聞くと、「僕が普通ではないって思われているってことですね。それが気になって」と言う。そこで、淳さんが「普通」をどう捉えているのかについて聴いた。

**淳さん**：多数派がやってることです。一般的な経験をしている人がやっていること。友達がいて、恋愛をしていて、結婚をしているとか、そういうことです。僕は人と話していても、引き出しがすぐにすっからかんになって、人が僕と話をしていても「勉強にならない」というか、知識がないという。生きている意味のない人だし、誰からも嫌われている人。そういう人間は普通とは言わないんです。

**私**：そんなことはないんじゃないかな。生きている意味がないなんてことはまったくないと思いますよ。どんな人であったとしても。引き出しがすっからかんとか言ってたけど、引き出しにはこれから嫌になるほどいろんなものを詰め込んでいけばいいんじゃないのかな。

**淳さん**：今からですか？ 間に合いますかね？ それにしてもなんでこんな風になったんだろうか。どこで間違ったんでしょうか。もし、生まれ変わることができるのなら、今度はうまくやりたいなと思うし、普通の人と同じように生きていきたいと思います。

淳さんはやはり、病院や施設で過ごした長い年数によって「普通」の人が体験するであろう多くのものを奪われたと感じていたのではないかと思った。淳さんにとっての貴重な時間を奪われたことによって、もう生きていても意味がないとより深く思うようになったのかもしれない。淳さんが語った「なんでこんな風になったんだろう」「どこで間違ったんだろう」という、振り返っても仕方がないような言葉の中に今までの自分の人生に対して「取り返しがつかない」といった焦りや後悔が沈み込んでいるように思えた。私は「なんとかなるよ。今までのことは今までのこと。一つずつ前に進めば、それでなんとかなる」と言いながら、どうすれば淳さんは前に進むことができるようになるのだろうかと考えていた。淳さんの内面に澱のように溜まった思いを一つ一つ聴いていき、できればそれを淳さん自身が吐き出してくれるのを待つことしかできないのかもしれないと思っていた。そんなとき、淳さんはいじめの原因になった「コンプレックス」について語り始めた。

## コンプレックス

**淳さん**：もともと僕はコンプレックスが強くて、それで誰からも嫌われて、いじめられて、こうなったんです。

**私**：コンプレックス？　どんなコンプレックスがあったの？

**淳さん**：それは言えません。コンプレックスだから。誰にも言いません。

淳さんはこのコンプレックスについては語りたくないと言ったが、「こうなったことの原因だ」と語っているので淳さんにとってはとても重要なことだったに違いない。

**私**：じゃあ、言わなくてもいいですよ。誰にも言いたくないことはあるから大丈夫です。でもそのコンプレックスで悩んでいるって淳さんが言ってるのに、それが私にはわからないから、たとえば、そのコンプレックスをBとして話してもらえますか？

**淳さん**：それならOKですよ。

**私**：そしたら、そのコンプレックスをBとして、淳さんが言うことをもとに、誰からも嫌われる僕をAにしましょう。Aは何で嫌われたの？

**淳さん**：Bだから。

**私**：AはBをコントロールできないの？

**淳さん**：身体のことだからコントロールはできなかった。

**私**：AはBが嫌い？　好きになれることはないの？

**淳さん**：好きになることはないですね。

**私**：今も？

**淳さん**：今はぼちぼちOKです。

**私**：OKなんやね。じゃあ、今はもうBはコンプレックスではないのかなあ。そのときは嫌われた原因になってたかもしれないけど、今はそのことで淳さんを嫌いになる人はいないかもね。

私の言葉を聴いて「そんな感じもしてきたなあ」と言うので、ここでの対話が淳さんの荷物を一つ下ろしてくれたら嬉しいなと思った。そこで「このBについては今まで病院で話はしてこなかったの？」と聞くと、「今、掛かっている先生にちらって話したら、カウンセリングを受けたらと言われたので、『それはいらんわ』、『受けるくらいならこのままでいいわ』と思ってしてません」と言った。今まで語ることができなかったのだなあと思いながら「ちょっと話せて良かった？」と聞くと「もうあんまり気にしてないことがわかったから良かったです」と言っていた。

**前に進む**

この頃に佐紀さんから、住んでいたアパートからいよいよGHに入居することが決まったと聞いた。淳さんは集団生活に多少の不安を抱えながらも、同じヘルパーが継続して来てくれると聞いて、「ヘルパーさんとGHに移ったら会えなくなるのかなあと思っていたから良かった」と言っていた。ヘルパーさんが目指していた関わりも淳さんに前に進む勇気を与えたのかと嬉しかった。訪問看護師もそれとなく淳さんがギターを習ってみたいという話を聞いたので佐紀さんに繋ぎ、施設にあるギター講習会に参加してもらえるように調整していた。

こうして、それぞれがそれぞれの目指した援助を実現していたのだ。私はと言えば、相変わらず、月に二回の面談を続けていたが、徐々に、哲学的な話題が中心になってきていた。ある日、突然に「山本さんは『愛』ってどういうものだと思いますか？」と尋ねられたので、「愛？　難しいなあ。私の人生にはいろんな愛があったやろね。『愛』て一つのものじゃなくていろんな種類の『愛』があると思っていて。たとえば、（私は）結婚もしたし、子どもも育てたし、犬も飼ったし、学生に教えていたり、障害がある人との間にも、いまこの場所でも淳さんとの間にも『愛』はあるやろうし。そやね、私にとっての『愛』は意識せずいつもそこにあるって感じかな」と答えた。すると淳さんは「僕は『愛』は心だと思っています。淳さんの言葉を聴いて、心って実際は脳なのかもしれないけど、心に愛があるって思っています」と言った。淳さんの言葉を聴いて、私の答えは淳さんが求めていたものと若干ズレてるんじゃないかなと心配したが、「今も僕はこういう風に人と話すことがなくて、自分で学ぶこともしれているから、山本さんとの面談はとても楽しいし嬉しいです」と言ったので安心した。この言葉を聴いて、淳さんがかつてからっぽだと語った引き出しをたくさんのもので満たそうとしているんだなと感じた。私もその作業の一端が担えているのかもしれないと思ったら嬉しかった。淳さんはしっかりと前に進んでいるのだ。

## 10　今いる場所から「跳んでみる」

### 人と一緒にいる楽しさとしんどさ

ＧＨに移ってからは、年に数回しか帰らなかったという実家にしばしば帰るようになったらしい。人が怖い、外出が苦手だと言っていた淳さんだったが「ときどき、ご飯を食べさせてもらいに帰ってるんです」と言うので、「どんなものを食べさせてもらっているの？」と聞くと、「昔みたいに、ボリュームのあるかつ丼とかハンバーグとかそんなのを作ってもらってます」と言った。「美味しそうね」と言うと「母親の料理はやっぱり美味しいですよね。懐かしいです」と語っていた。

一〇代後半から入退院を繰り返し、自宅で母親の料理を食べることもなかなかできなかっただろうし、一人暮らしを始めてからも年に数回しか帰省はしないという話だったので「良かったね。お母さんも喜んでおられるんじゃない？　淳さんが帰ってきてくれるのを楽しみにしてるわ、きっと」と母親としての自分の思いにも引き寄せてそう語ってみた。母親との間に複雑な思いを抱えていた淳さんからどんな返事が来るのかと内心少し心配だったが「そうなんですよ。ほんと喜んでいます」というあっさりしたものだったので少しずつ母親との関係が改善されてきているのだろうと安心した。

かつて私が関わっていた統合失調症の人の中に、母親の作る料理には一切手を付けないという女性がいた。頑なに母親の作る料理を拒否していた女性は「母親が作る料理が自分の血肉になることが耐えられないからだ」と語っていたので、母親が作る料理が美味しい、懐かしいと語る淳さんが母親を受け入れようとしているかなと思った。

この頃には、佐紀さんが調整したギター教室にも休まず通うようになっていた。もともと音楽を聴くことが好きだった淳さんが、自分の手でそれを演奏できるようになってきたことはひとつの自信に繋がっていったようだ。

面談もそろそろ終了かなと思っていたときに、淳さんが「人の中にいる楽しさはあるのだけれど、一緒にいるしんどさもある」と言った。この「しんどさ」の背景として、常に人が自分をどのように見ているのかが気になり、人が期待する自分でいなければ、その場所に存在してはいけないと思うからだそうだ。

**私**：期待される自分っていうのは、淳さんにとって、どんな自分なんですか？

**淳さん**：それは、「強く」「元気に」「明るく」いる自分ですね。陽気で素直で。少なくとも、人を不快にさせない自分です。

**私**：淳さんだけじゃなくて、人の感情や気分はその時によって違うし、常に淳さんがいうように強く、元気に、明るく振舞えないときもあるのが人間だから、そうしなくてはいけないと思うのはしんどいよね。

**淳さん**：僕は人に気を遣いすぎるようになっているのはわかるんです。でも、少なくとも、家庭の中では勝手に期待をもって、応えられなかったら一方的に僕を悪者にして離れていくっていう経験をしているので、素の僕を出したらいけない。演じないといけないと思うことがあって、しんどくなるんです。

やはり、淳さんは措置入院に至る過程のことをいまだに受け入れていないように思うし、その出来事はショックだったに違いない。淳さんの家族は、淳さんがそう解釈しているだけで、決して淳さんを悪者にして離れていったわけではないと思う。しかし、淳さんがそれを自分の人生の中に統合していくには、もう少しの時間が必要かもしれない。

## 自分を受け入れるのは難しい

**私**：私はそのままの淳さんでいいんじゃないかなと思うよ。たとえ人に受け入れてもらわなくたって、素の自分を自分で受け入れるようになると、そのしんどさも少し楽になるんじゃないかな。それに、その当時の淳さんがいたから、今のいろんなことを考える淳さんがいるのだから、全てが悪いことではなかったかもしれないし。今はとうてい、そうは思えないかもしれないけど、もし、そのことでしんどくなるのだったら、ご家族に当時の思いを聴いてみてほしいなと思う。淳さんも苦しいことがたくさんあったとは思うけど、ご家族にはご家族の辛さや苦しさもあったと思うから、聴けるときがきたら、聴いてあげてほしいと思うよ。

**淳さん**：今はまだ家族に話をするということは厳しいです。でも、家族も大変だったというのはわかってないわけではないんです。認めたくないというか、そういうところはあります。ただ……そう思わないと自分を保てないところも今はあって。そもそも、僕自身が素の自分を好きではないから、なかなか自分は自分でいいとは思えないし、自分のことを受け入れるのは難しいです。いつか思えるようになる日がきたら楽になるのはわかるような気がしますけど。

そのままの自分を受け入れることは誰にとっても難しいことのような気がする。ただ、淳さんと同じように「自分を受け入れることが難しい」と語っていた双極性障害の女性との雑談の中で、私が何気なく「最近、六キロも体重が増えてだらしない体型になっているから、なんとかしなくちゃ」と言ったときに、真剣な顔をして「そんなことはないです。山本さんはそのままでいいです。そのままでいいんです」と力を込めて言ってくれたので、驚きながらもとても嬉しかったことを覚えている。人にとってどんな自分でも全面的に受け入れられる体験は、安心感をもたらすとともに、「生きていていいのだ」と思わせる力ももつものになるのだ。

いずれにしろ、淳さんは少しずつ生きる世界を広げ、その世界の中では良いことばかり起こるわけではないだろうが、失った十数年を取り戻すように前に進んでいることは確かである。佐紀さんも「これからの人生の一歩、踏み出したっていう感じですかね。これからは思いっきりはっちゃけて跳んでいってほしいと思ってます。どっちにしても、まだまだ若いですし、焦らず、ゆっくり楽しみながらですかね。それまでは淳さんの力を信じて自分たちにできる援助をする。淳さんには『困ったときにはいつでも私たち淳さんの傍にいるから大丈夫やで』って言っておきました（笑）」と語っていた。淳さんが「もう必要ないです」とこの場所から跳んでいくまで援助は続いていく。そして、援助者たちもその「もう必要ないです」という言葉を楽しみに待っているのだ。

**注**

（1）計画相談とは、障害のある人が、障害福祉サービス利用の申請を行うにあたり、必要になるサービス等の計画案を作成し、日常生活や社会生活において自立に向けた生活が送れるよう支援するものである。

（2）白衣高血圧とは、自宅で測ると正常な血圧の数値を示すのに、医療機関で測ると数値があがることをいう。自宅とは違い、診察室では緊張が生じやすく、交感神経が刺激されることによってアドレナリンが分泌されるため、血圧が高くなると考えられている。

（3）単位制高等学校は、文部科学省によると、学年による教育課程の区分を設けず、決められた単位を修得すれば卒業が認められる高等学校である。昭和六三年度から定時制・通信制課程において導入され、平成五年度からは全日制課程においても設置が可能となっている。

単位制高校の特色としては、以下のことが挙げられている。

・自分の学習計画に基づいて、自分の興味、関心等に応じた科目を選択し学習できること。

・学年の区分がなく、自分のペースで学習に取り組むことができること。

（文部科学省「単位制高等学校について」https://www.mext.go.jp/a_menu/shotou/kaikaku/seido/04033102.htm）

（4）簡単にこの三つ山課題を説明すると、まず、四角い枠の中に、三つの形や高さの異なる山の模型を置き、四角い枠の外側にそれぞれ四人の子どもを立たせ、他の子どもたちからはその山がどのように見えるかを回答させるといった実験である。すると、他者視点を獲得していない年齢の子どもは、他の位置からどのように見えるかが想像しにくく、自分が見ている光景を他の三人も見ていると答えてしまうといったものである。ピアジェはこの課題を用いて、前操作期（二～七歳）の子どもにある「自己中心性」を明らかにしたのだ。年齢が上がるにつれ、「脱中心化」が起こり、他者からは違う山の形が見えているということがわかってくるといわれている。

### 引用文献

山本智子（二〇二二）「子どもの育ちを支える——大阪・西成のフィールドから」『臨床心理学』第二二巻第二号、一六三－一六六頁

# 第3章　もう一度、家族とつながりたい

## 1　佑さんとの出会い

### 「早く働くためにはどうしたらいいのか」

佑さん（仮名）との面談は、三年ほど前に「五〇代半ばの男性から予約の希望があるのですが大丈夫ですか」という職員の言葉で始まった。それ以来、本当にいろいろなことがあったが、ここでは面談の中で語られた家族への思いを中心に書いていきたいと思う。佑さんは現在、郷里で仕事に就き、西成を離れているが、佑さんが私たちと一緒にどう生きてきたのかを語っていきたいと思う。

担当職員の香織さん（仮名）によると、当時、佑さんが面談で私に相談したかったことは「対人関係に困難があるので定職につきにくい。これから仕事をしていくためにはどうしたらいいの

かを知りたい」ということだったそうだ。佑さんからのかなり切羽詰まった訴えだったそうで「どこか空いている時間にぜひ予約を入れてください」ということだった。

佑さんは西成区にある地域生活支援センター[1]の相談支援を利用していた。この地域生活支援センターは、障害者支援施設に入所していたり、精神科病院に入院している人に対して、住居の確保など地域生活に円滑に移行するための相談や必要な支援を行っている場所である。このセンターからの紹介で、佑さんは近くにある大人の発達障害者支援センターも利用することになり、私はここの支援相談室で佑さんに出会った。大人の発達障害者支援センターは、成人の発達障害や精神障害のある人、またはその可能性のある方を対象としている。可能性がある人も含まれているので、ここを利用するために何かの診断書が必ずしも必要というわけではなく、地域や社会から孤立している人々が生活する上で困ったことがあればいつでも相談することができる場所になっている。支援相談室は、今までどこにも相談できず社会の中で孤立した人が社会に復帰していくことを目指しているので、就労や生活支援だけではなく、地域の人々との交流の場を設け、地域や社会と繋いでいくという援助を中心としている。

佑さんは精神科の医師によって双極性障害、そして、その背景に自閉症スペクトラム障害があると診断されていた。精神障害者保健福祉手帳の等級は二級である。佑さんの支援チームは、本人と家族である息子さん、精神科医、通院同行や服薬管理を担当する訪問看護師、金銭管理のサポーター、自立訓練を担当する事業所の職員、そして、すべての支援を組み立てる計画相談担当

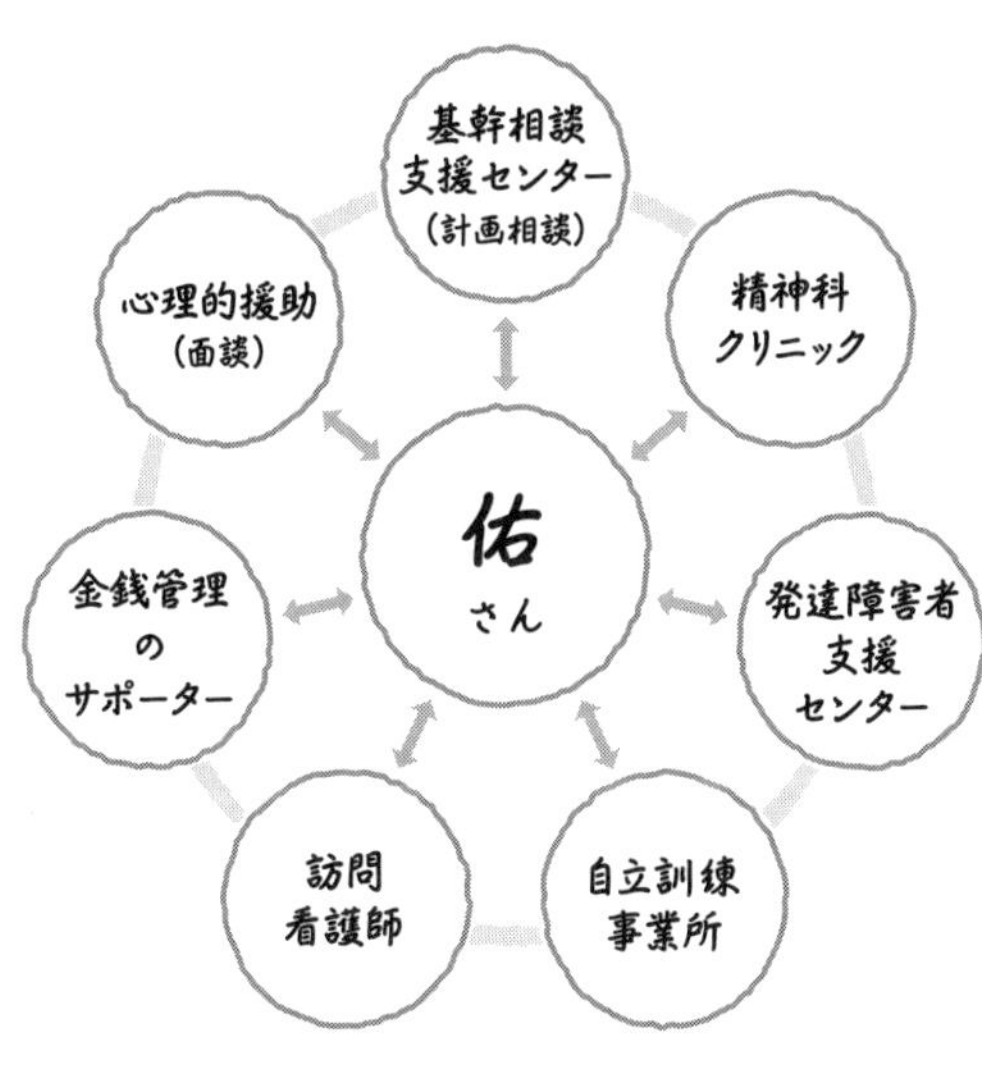

佑さんの支援図

職員の香織さんと心理的援助を担当する私で構成されていた。いったん、基本となる支援体制が組まれるのだが、佑さんのそのときの状態やニーズに応じて、チームの体制やメンバーは変則的に変わっていく。支援体制やメンバーが入れ替わるというのは佑さんに限ったことではなく、すべての人の支援を組み立て、実行していく上で共通するものである。

初めてお会いしたときの佑さんは、きちんとした清潔感のある服装で現れ、背筋を伸ばし、幾分、緊張した面持ちで私の前に座っていた。全体的にかなり硬い印象だなと思った。

面談の初めに「何かお話しされたいことはありますか？」と聴くと「早く働くためには、どうしたらいいのかを教えてほしいです」と言った。そして、「働かないといけないのに、自分は人と合わせられない。嫌い。社会が嫌い。人と一緒にいるのがしんどい。だけど、どうしても働きたいから、早くなんとかしないといけないと思っているのです」と続けた。

「早く働くためにどうしたらいいのか」ということが佑さんの一番知りたいことだとはわかったが、他の自治体から西成にきたばかりで、まだまだ新しい環境に慣れていないと思われるのに、なぜ、それほど早くに働かなくてはいけないと思っているのかを不思議に思った。香織さんからは西成に来てからは生活保護を受給するようになり、経済的には困窮していないと聞いていたので「もし、経済的にそれほど切羽詰まっておられないなら、しばらくはゆっくり探していきましょうか？」と言ったが「それじゃあ、だめなんです。早くしないと」と言うので、何か理由があるのだろうと思った。

## 西成に来るまで

佑さんのことを少し紹介すると、佑さんは、高校を卒業してから料理人をしていたが、十数年前に失業したことによって、うつ病を発症し心療内科を受診したそうだ。仕事に関していえば、料理の腕には自信があったものの人間関係にトラブルを抱えて何度も勤め先を変えていたという。十数年前に、当時勤めていた料理店を辞めてからは次の仕事先をみつけることができなかったらしく、焦りからか精神的に不安定になってしまったという。その当時は、家族を抱え失業したこともあり、かなり精神的に追い詰められていたようで、「何もする気にならない」、「いっそ死んでしまいたい」という希死念慮が出ていたということだ。今までになかったような落ち込みをみせる佑さんを心配した家族が近所の心療内科への受診を勧め、そこでうつ病と診断された。

心療内科では服薬治療を受けるようになったが、落ち込みはすぐには良くならなかったそうで、薬が増量されていった。薬が増えるに従い、だんだんと気分がよくなってきたと感じ、「治ってきたんだな」と喜んでいたそうだ。しかし、服薬治療を続けていると、そのうち、夜眠れなくなったり、すぐに興奮したり、攻撃的になるといった状態が続くようになった。それをいさめようとする息子さんとはかなりやりあったようだが、ある日、いつものように暴れる佑さんを抑えようとした息子さんに対して酷い暴力を振るったため、精神科病院に医療保護入院[2]になった。

しばらく入院をして、病状は比較的安定したらしいが、退院後には再び高揚した状態が出現したという。高揚した状態になると、自分でもコントロールができなくなり入院前と同じように、何か気に入らないことがあると家族への暴言や暴力行為が続いた。そのうち、次々に高価なものを購入するようになり、大きな借金を抱えることにもなった。入院したときにはすでに医師から双極性障害と診断されていたようだが、佑さんはそれを受け入れていなかったので退院後は服薬もせず、治療も中断していた。そのため、入院前と何ら変わらない状態が、再び、佑さんや家族を苦しめることになっていた。そして、家族は、躁状態になった佑さんに対応することに疲れ果て、ついに離婚が成立した。佑さんが作った借金の返済は、まだ若い息子さんが自宅の売却も含めすべての後処理をした。このとき、息子さんから、「もう、お母さんや妹とは会えないと思ってや」と言われたそうだ。佑さんはこれ以降、一度だけ娘さんには会ったが、元奥さんとは二度と会うことはなかった。

## 服薬をやめる

西成の支援に繋がり再び通院治療が始まったものの、佑さんは、少し調子が良くなると自分で服薬をやめる。後から聞くと「精神のことは自力で治せると思っていたから」だそうだ。私との三年間の面談の中でも、一度、断薬をしていた時期があった。その頃は、佑さんの状態がずいぶん落ち着いていたので、面談を月に一度にしていたのだが、そのひと月の間に、もう薬は必要ないと思ったのか、再び断薬をしたようだ。

佑さんとの面談の前に、声を落とした香織さんから、「しばらく、薬を飲んでいないそうなので、いつもの佑さんとは違いますから、そういうつもりで面談してください」と言われたので、「え？　そういうつもりとは？」と少し動揺した。訪問看護師からも香織さんに「どうしても、通院してくれませんし、服薬も拒否しています。あんまり勧めると、大声をあげて『帰れ』と言われるので、どうしたものか」という相談があったという話も聞いた。夜も眠れなくなったらしく、夜中に自転車で西成の町を走り回っていて何度も職務質問を受けて警察に怒鳴ったらしいとか、隣のアパートに住む人とゴミのことで喧嘩をしたとか、ヘルパーは部屋に入れなくなったとか、また、あれほど、親身になって支えてくれている息子さんや香織さんにも暴言を吐くようになっているという話をやまほど聞いたので、「どんな状態になってはるんやろか」と恐る恐る面談室に入った。

しかし、面談室には、私の予想とは違って、いつもの佑さんがそこにいた。「ご無沙汰しています」と頭を下げる佑さんはいつも通りの佑さんだったし、私に対してはいつもの紳士的なふるまいを崩さないようにしようとしていたのはわかった。しかし、なにげなく机の下を見ると、佑さんが固く組んだ手はぶるぶる震えていたので、内心はずいぶんイライラしているんだろうなと思った。そこで、「今日は何かお話ししたいことはありますか？　どうしますか？」と聞くと、私の言葉が終わるのを待たずに「あ、今日は話すことはなにもないです」と言った。面談の約束を守ろうとずいぶん無理をして来てくれたのだなと思ったので、「何もお話がないなら、今日はここまでにしましょうか。病院にいってお薬もらって、服薬は続けてくださいね」とだけ言って面談を終えた。その後も、周囲の人たちといろいろなトラブルを起こし、息子さんからも「もう、後はないからな」と叱られたのが大きかったのか、佑さんは自分の意思で再び治療をはじめ、元の佑さんに戻っていった。

## 2　自分のせいで家族をどん底に

### 「自分が一番嫌い」

佑さんが「すぐにでも働きたい」と訴えるのは変わらなかった。香織さんもいろいろと探してはいるのだが、今の佑さんの状態ではすぐに就職することは難しいと考えていたようだ。まずは、精神を安定させ、社会で生きていくためのスキル、特に対人関係のスキルを身につけないと職場に定着することは困難ではないかと思っていたので、少し時間をかけて、一つずつ段階を上がるような援助がしたいと思っていたようだ。しかし、佑さんはそれが待てない様子だった。私は何度も「ゆっくり進まれてもいいいんじゃないんですか?」と言ったが、「いろんな人に迷惑を掛けたから、仕事をしている姿をみせて安心してもらいたい」という思いが強かったようで、この当時の佑さんは「早く働いて、昔の働いていた自分の姿を家族や息子にみせて安心してもらいたい」とかなり焦っていた。そして、もしかしたら、それを励みに生きていたのかもしれない。

佑さんは、幼少期から人とトラブルを起こすことが多かったという話をしてくれた。佑さんはその理由について「はっきり言うと自分は自己中心的で、わがままで。自分のことしか考えていない人間やったと思うから、人とはうまくやっていけなかった」と言うので、具体的に聴いてみると、小学校に上がってから高校を卒業するまで、友達と呼べる存在はいなかったし、自分の思い通りにいかないとすぐに手をあげることもあったらしい。そんなこともあり、クラスメートからは相手にされず、からかわれたり、無視されたりといじめのような扱いを受けていたときには「自分も人が嫌いだったからちょうど良かった」と言ったが、「今は、人よりも自分が一番嫌いです」とぽつりと言った。

**私**：自分が一番嫌いと言わはったのは、何か理由があるんですか？

**佑さん**：自分が嫌いいうか憎いです。自分のせいで、自分の頭がおかしくなってしまったから、家族に悔やんでも悔やみきれないほどの迷惑を掛けてきたんです。本当にいい家族だったのに、自分のせいで無茶苦茶にして。そんな自分が大嫌いやし、憎いです。

佑さんはもともと離婚した妻と息子、娘の四人家族だった。元奥さんはとても穏やかな人でわがままな佑さんに文句ひとつ言わずよく尽くしてくれたそうだ。息子さんも娘さんも奥さんのおかげでいい子どもに育ててもらったと感謝している。離婚してから離れて暮らすようになった息子さんは、住所はいまだに教えてはくれないが、入退院を繰り返した佑さんのことを常に気に掛けてくれているそうで、ときどき、佑さんが住んでいる西成のアパートを訪ね、身の回りのことや金銭の管理などいろいろ世話をやいてくれていた。「いい息子さんですね」と言うと、嬉しそうにうなずき、そして「それなのに、自分は自分のことしか考えてなくて、腹が立ったら、娘や息子をどついて泣かして。もの投げて家を破壊して。自分は本当に頭が狂ってたんだと思います」とうなだれた。もともと、何かに腹が立つと、その感情をコントロールすることが難しかったというが、失業後はとくにその傾向が強くなったという。「失業がこたえたんじゃないですか？」と言うと、「そうなのかもしれませんが、もともと自分はおかしかったんじゃないかと思っています。おかしい人間が（それに）気がつかないで許してもらえるはずのないことを家族にいっぱいしてきたと思っています。だから働いて立派になって少しでも安心してもらいたいと思ってるんです」と語った。家族との思い出を振り返るとき、佑さんはいつも「自分は最低の夫だった。最低の父親だった」と語るのが切ない。私は、佑さんが語ることが全てではないと思っているが、そう思うことでしんどくなっているところはあるのだろうと思いながら聴いていた。

## 「普通」ではない自分

「普通の父親だったら、子どもの入学式とか卒業式とか、普通の親は行くと思うんですけど、自分は一回も行ったことがないんです。子どもにまったく関心がなかった。子どもが大きくなったらお金もいるから少しでも貯金をしてやるのが普通の親がすることなのに、自分はそんなんもまったく考えず、ただ自分のことばっかり。自分さえ良かったらそれでいいと思っている人間やったんです。子どもの成人式や、結婚や、出産は親の楽しみだと思うのが普通なのに、気にしたこともなかった。少しでもお金を貯めて渡してやりたいて思うのが親なのに、自分にはそんなことも考えられなかったんです。夫としても、父親としても自分なんてものは最低なんです。」

佑さんは「普通の親」として子どもにしてやることを何もしてこなかったと語った。だから、「自分は最低なんだ」と。この話を聴きながら、「普通の家」の父親であっても、仕事が忙しくて行事に参加できないという話も珍しくないと思いながら、佑さんの場合はそれとどう違うのだろうかと考えていた。そこで、「運動会とかも行かれたことはないんですか？」と聞くと、それは行ったことがあると答え、「楽しかったような気がする」と語った。それを聴いて「佑さんがいうような『普通の家』のお父さんも仕事が忙しくて、子どもの運動会なんて行ったことがないっていう方もおられますから、佑さんが思っているようにまったく子どもに関心がなかったとは言えないかもしれませんよ」と言ってみた。佑さんは「そうなんですかね」と答えたが、私のこの話を納得して聞いていたかどうかはわからなかった。しかし、佑さんが私との面談で語る話の中心が家族との思い出ということから家族にまったく関心がなかったということはないだろうし、むしろ、家族に対しては強くて深い思いがあったのではないかと思っていた。佑さんが言うように昔はそれを表現することができなかったとしても、今の佑さんは、家族に対する関心や深い思いが内面にあることは確かなことだろう。

佑さんは私との面談の中で、よく「普通」という言葉を使い、その「普通」と自分を比べることによって、落ち込んだり、自分を責めたりしている。そこで、この「普通」について佑さんと話したことがある。私の両親は、私が二〇歳になる頃に、バタバタと亡くなってしまったという話をしたときのことだった。その話を聴いて「あ、山本さんも普通じゃないんですね」と言うので、少し驚きながら「あ〜、そのときはそうだったかもしれませんね。でも、今は、いくら長生きをするようになったとはいえ、私の友人たちも親を亡くす歳になってきて。もちろん時期があるとは思うんですけど、今は友達も親を見送る歳になってきていて、親がいないってことが『普通』になってきているから、私も『普通』の仲間に入れてもらっているかもしれませんね」と言うと、「そんなもんですか？」と不思議そうに聞くので、私は「そんなもんですよ」と言い、「普通であろうがなかろうが、その人の人生っていうのは、一つの運命だろうと思うところもあるし、普通であろうとなかろうと、その人がそう生きてることからは逃れられないと思ってますよ。だから、何が『普通』なんて決めなくったっていいかもしれませんね」と言い、「それに……普通ということが必ずしも優れていて、正しいってこともないと思ってますし」と笑った。佑さんは「ふ〜ん、そんなものなのですか……」と考え込んでいる様子だった。そんな話をしながら、佑さんが思う「普通」が少し変化してくれたらいいなと思っていたが、それでも、佑さんはしばらくの間、この「普通」から逃れることはなかった。特に仕事のこと、家族のことに関しては、自分は「普通」から大きく逸脱していると感じ、そんな自分が許せないと思い込んでいたのだ。

**佑さん**：普通の人は、家族を大切にしていると思うんです。お金を貯えながら生活して、近所や親せきと人付き合いして、周りの人や社会を大切にして。持ち家をもって。そんな難しいことじゃないのに自分には何もできなかった。だから、奥さんには本当に迷惑をかけたと思います。普通の夫ではなかったのに、文句も言わず、ずっと我慢してくれてました。

**私**：いい奥さんなんですね。でも、佑さんは自分が酷いことをしてきたと、そう思っておられるかもしれませんが、ご家族からしたら、いい夫、いいお父さんって思われているところもあったんじゃないですか？　じゃないと三〇年以上も家庭生活は続かないと思いますよ。

**佑さん**：……そんなもんなんですか？　わからないけど、子どもには本当に申し訳ないことをずっとしてきたんですけど、奥さんにも苦労をかけたと思います。遊びにも連れて行かなかったし、同窓会にも行かせてあげていない。たぶん、奥さんは同窓会に行きたかったと思うんですけど、（私：奥さんは行きたいとおっしゃったんですか？）いや、奥さんはそんなことは一言も言わない人で。自分が「今日、同窓会ちゃうんか？」と言ったとき、普通の顔でただ、「行かんよ」て言いました。たぶん、お金も服もなかったから行けなかったんじゃないかなと思ってます。そのときは気が付かなかったけど。

この話を聴いて佑さんは奥さんのことを大事に思ってきたのだろうと思った。それに自分で気づかなかっただけで、心の中ではとても大切に思ってきたのだろうと感じた。なぜかと言えば、世の中のどれほどの夫が妻に同窓会に行かせてあげられなかったことを気にして覚えているだろうか。佑さんは奥さんを大事に思うからこそ、そのときのことを覚えていて申し訳ないと語ったのだと思う。「元奥さんに会う機会はないんですか？　そんな話をしてあげると喜ばれるのではないですか？」と聞くと、「もう会えないんです。息子からは『もう会ったらあかん』と言われていますし、どこに住んでるんかも知らないですし、たとえ、知っていても、今更、どの面下げて会いに行ったらいいかもわからないし。息子に、『お母さんによろしく伝えてくれ』と言うと『知らん。俺からは言わん』と言っているので、それは無理な話なんです」と寂しそうに笑った。

## 息子さんのしんどさ

担当職員の香織さんからは、「息子さん以外の家族からコンタクトがないのは、佑さんが双極性障害の症状が酷かったということで、いったん治ったとしても、また同じことを繰り返し、誰かが泣かなくてはいけないような状態になることを恐れていたからじゃないでしょうか」と聴いていた。息子さんは家族を、とくに母親を守らなくてはいけないと思っていたのだろうか。

息子さんは、佑さんが何度か精神科病院に入院していたときもずっと面会に来てくれたという。西成に来てからも、父親を気に掛けて、アパートに訪ねて来てくれたり、年末には先祖の墓参りにも一緒に行ってくれると嬉しそうに語っていた。しかし、香織さんからは「息子さんはまだ若いのに遠くから佑さんのことを気に掛けて、定期的に会いにきてくれるんです。一緒に部屋の掃除をしたり、日常のこまごました生活にアドバイスしたりと、できることじゃないと思いますが、息子さんがつぶれるんじゃないかと心配している」と聞いた。私も同じことを考えていた。息子さんだけが、当時の佑さんと家族を繋ぐ唯一の糸であり光ではあったのだが、まだ若い息子さんにその荷を背負わすのはあまりにも酷なことだと考えていた。

もともとは、息子さんへの暴力が医療保護入院に繋がったので、佑さんから酷い暴力を受けたときには、怖かっただろうし、情けない思いも抱えたかもしれない。しかも、彼はまだ青年期の真っただ中でこれから自分の人生を立てていかなくてはならない時期だというのに、父親の生活まで抱えようとしているのは、親に対する深い思いがあるからだろうが、ずいぶんと苦しいのではないかと心配していた。医療保護入院に繋がったその当時の佑さんの行為が、結果的に家族をバラバラにしたのに、それでも父親を支えようとするのはなぜだろうか。これに関しては、息子さんと連絡を取り合っている香織さんから、「息子さんは、その当時は苦しんだけれど、父親は病気だったのだから、すべてのことは仕方がないと思っているそうです」と聞いた。しかし、いくら病気だったからと言っても、すべてを許して支えようと無理をしているのではないだろうか。私自身が遠方にいる息子さんに面談することは難しかったが、いつか話を聴きたいと思っていたし、できたら彼のしんどさが少しでも楽になってくれたらと思っていた。ただ、その機会はなかったので、ケース会議のときには、香織さんを中心に家族支援も視野に入れた支援が必要だという話をしていた。

この当時は、息子さんが、今でいうヤングケアラーの役割を担っていたのだとしたら、彼へのケアもどこかでしなければいけないと思っていた。このヤングケアラーという言葉は近年よく聞くが、実際に、精神障害を抱える母親の世話をしていた高校生からこんな話を聴いたので、慎重に使わなくてはいけないと思うようになった。

「私は、確かに、母親がシングルマザーで、誰にも頼れなかったから、ずっと母親の面倒を見て、学校にも行けなかった時期があります。でも、家族やから、面倒やなと思うこともあったけど、でも、そうしてやりたいと思っていたし、自分が母親の役に立つのは嬉しいと思っていたところもあります。今、ヤングケアラーがテレビなんかでもよく話題になってて、『あ、私やな』て思うこともあるけど、そのヤングケアラーていう、特別な、かわいそうな枠に入れられるのは、少し傷つくこともあるかな。親の世話を自分なりに、一生懸命してきたことが、世間ではケアの必要な『かわいそうな子ども』て思われてるんやなと思うと、なんか、ちょっと違うやろって思います。」

ヤングケアラーとは厚生労働省ホームページによると、法令上の定義はないそうだが、「一般に、本来大人が担うと想定されている家事や家族の世話などを日常的に行っている子ども」と言われている。もちろん、親の面倒をみるために、学習権が奪われていたり、「子どもらしく生きること」を阻害されていたりの課題があり、政府もこの問題には積極的に関与していこうとする姿勢があるのだが、この高校生が言うように、確かに親の世話は大変だったけれども、それでも、

「子どもとして親の世話をしたい」という思いが、世間からは「かわいそうな子ども」と受け取られる場合もあるのだと思うと、家族の世話をしている子ども全てをこの「枠」に入れ、ケアが必要な子どもとしてカテゴリー化していくことで傷つく子どももいるのだということを意識しておかなくてはいけないと思った。カテゴリー化してケアの対象にするのではなく、彼らが困っているそのときに、周囲の人からのさりげない「どうしたん？」「何か手伝うことはない？」という一言が彼らの心をずいぶんと軽くするのではないかと感じていた。そして何よりも彼らがケアしている「家族」を支援の輪の中に入れていく取組みが「ヤングケアラー」といわれている子どもが「子ども」を生きてゆける支えになるだろうと思うのだ。

## 息子さん・娘さんの思い

こうした視点から佑さんの息子さんを見ると、私たち援助者には、若い息子が精神障害の父親を支えようと無理をしているのではないかと映っていたが、実際にはどうだったのかわからない。もしいつか機会があれば、息子さんだけではなく家族にそれを聴いてみたいと思っている。

佑さんは家族との思い出を語るときには、いつも「自分は最低な父親だった」としか言わない。しかし、それは佑さんのイメージの中のものであって、双極性障害の症状のために家族間では厳しい出来事も確かにあっただろうけれども、それでも、発症する前の佑さんは父親や夫としての温かい側面を見せていたのではないだろうか。息子さんがいまだに、父親との関係を切らず、ずっと支えようとする背景には、その温かった佑さんの像が残っていて、父親があるときから「なぜ、暴れるようになったのか」「なぜ、暴力を振るうようになったのか」、さらには「なぜ、家族はバラバラにならなくてはならなかったのか」を（これは私自身の勝手な解釈であり希望でもあるかもしれないが）息子さん自身が自分の人生を考えるためにもそれを知りたかったのではないかと思ったりもしていた。私自身が、葛藤の中で母親を亡くしているので、今更、母親に何も言ってやることはできず、母親からその当時の話を聴くことはできないから、心理相談員として適切ではないと言われればそうなのだが、佑さんとの面談の中で、私はそう思っていた。心理相談員といえども、相談に来る人と同じ世界を生きる人間として、せめて、同じような境遇にいる人たちが、まだそれぞれが生きている間にその問いへの答えを聴き、もしかしたら誤解や齟齬があったとしたら、そのことに気づき、それぞれの新しい関係を構築していってほしい、そんな勝手な期待が私の中にはあったのだ。そんなある日の面談で、佑さんから今度は「娘にしてしまった酷い話を聴いてほしい」と言われた。

**私**：娘さんにですか？

**佑さん**：娘にも酷いことをしてきたんです。いつやったかな。病院を退院して施設に入ってしばらくして、娘が訪ねて来てくれたことがあるんです。レストランでしゃべっていたときに、なんか、急に頭がおかしくなってしまって、せっかく来てくれた娘に怒鳴りまくってしまったんです。店の中で。大声で。何が原因ていうことはもう覚えてないんですが、店の客がみんなびっくりして、自分らを見ていたのをうっすら覚えてます。自分が大声で、店の客のことなんか頭になくて、ともかく怒鳴りまくったんで、娘は「止めて」て泣いて、叫んで、過呼吸を起こしてしまったんです。それから、二度と会うことはなくなったんです。謝りの手紙を書いても返事もくれませんでした。

これは、まだ西成の計画相談に繋がる前に入所していた施設での話であり、自分で断薬を繰り返していた頃の話である。佑さんは治療を中断していたので、娘さんに会ったときにはすでに躁状態が出現していたのかもしれない。その当時は、まだ十代だった娘さんにしたら、両親が離婚したものの、退院後の佑さんのことが気になったのだろう。そして、レストランで久しぶりに一緒に食事を楽しめると思っていたのに、突然、父親が大声で怒鳴りだした。そして、父親の爆発的な言動が過呼吸を引き起こしたとしたら、娘さんにとっては「どうしてこんなことに」という受け入れがたい状況だったと思う。（今はメールでのやりとりだけはできるようになったが）その後、しばらくの間、娘とは音信不通の状態が続くことになったのだ。

息子さんはもちろんのこと、娘さんも佑さんのことを気に掛け、何かあると父親に会いに来ようとしてくれていたのだろう。そして、そのときは結局、喧嘩別れのような形になってしまったものの、娘さんにとって佑さんが言うような「ずっと最低な父親だった」とは私には思えなかった。むしろ、自宅を売り払う原因を作り、精神科病院に入退院を繰り返し、その後は施設に入所し、今は西成のアパートに住む父親を気にかけ、遠方からどうしているのかと会いに来てくれる優しい子どもたちなのだ。そして、そんな優しい子どもを育ててきたのは、元奥さんだけではなく、病気を抱えながらも父親として頑張ってきた佑さんでもあったんだろうと思う。佑さんには、家族への酷い仕打ちや悲しい思い出だけではなく、楽しかった家族の風景も思い出してほしいと思っていた。

## 3 「ねじれたような思い」

「早く働きたい」と訴えていた佑さんは、就労支援に繋がり、香織さんといくつかの職場見学をして半年もたたないうちに理解してくれる料理店で働くようになっていた。嫌がっていた生活保護の受給も取り下げた。しかし、いざ、働くようになると、これまでの離転職を繰り返した過去の嫌な思い出が佑さんを苦しめるようになっていた。

**佑さん**：いざ、働くとなると不安で、不安で。うまくやっていけるかどうか。
**私**：具体的にはどういったことが不安ですか？
**佑さん**：自分はこれまでもそうだったんですが、人のことが気になって、嫌な奴がいると、突然、辞めてしまうことがあって。今度は頑張らないといけないのにどうしたもんかなと。

**私**：佑さんはどういった人が嫌だと感じはるんですか？

**佑さん**：がさつで、常識のない人が嫌です。料理の腕は良いのかもしれないけど、片付けをしない人や、声の大きな人や、コントロールしようとする人がいると我慢できるかどうか自信がないです。

**私**：そういう人がいれば働きにくいですね。今の職場にそういう人がいたはるんですか？

**佑さん**：今はまだなんとかやっていってますけど、今までのことを思い出して、怯えてしまうのです。ごちゃごちゃ小言を言われたり、ほっといてほしいのに構われたり、人と比べて馬鹿にされたり。今までは、そんなんばっかりでしたよ。だから、喧嘩して、すぐに辞めてしまうの繰り返しでした。

佑さんの話だけ聴くと、そういうひどい人ばかりいる職場では、誰しもが仕事を続けることは難しいだろうと思った。しかし、佑さんは、その職場でどう振舞っていたのだろうか。

**佑さん**：僕は人に対しての恨みが強い人間なんで、どうしても仕返しをしたくなるんです。

**私**：今までもそうだったんですか？

**佑さん**：僕は小さい頃から、人を憎んでばっかりで。憎い、憎いできました。僕の両親は、実は育ての両親で。自分の本当の親はどこにいるのかわかりません。育ての親も料理人をしていて、僕に後を継がせようとしたんかな、小さい頃からかなり厳しく仕込まれました。「一人前にならんとどうするんや。嫁さん子ども養わなあかんのやぞ」てできないことでもやらそうとして。そこで、「憎む」という感情が芽生えたんだと思います。「本当の親でもないのに、なにを言ってるんや」て。今から思うと、仕事を教えようと厳しくしてたのかなあと思うんですが、そのときにはそうは思わず、ただ、憎い。

**私**：あ……、なんか、お父さんが厳しく教育しようとしていたことが、自分を否定されたように感じたんですか？

**佑さん**：現実に、自分は仕事ができないから、養うこともできてないから、父親の言うような一人前の人間ではない異常な人間だから、仕方がないんです。

佑さんは、今の両親が実の親ではないことを、かなり小さいときから知っていたという。昔はよくあったのだろう。子どものいない夫婦が親せきから養子を迎え、その養子が佑さんだったようだ。これは佑さんにとっては一つのコンプレックスになっていたそうで、誰にも言えず、心の中では常に「ねじれたような思い」を抱えていたという。その「ねじれた思い」が養父母に対しての反抗や、人に対しての「憎しみ」として向けられていたのだろうか。

**私**：「ねじれたような思い」というのはどういうものだったんですか？

**佑さん**：もの心ついた頃からやと思うのですが、とにかく自分はひねくれて、ひがんで。人が言うこと、言うこと、イライラして。普通じゃないと言うか……異常なことです。普通に生きたいと思っているのに、自分はいつもねじれていて、人が嫌い。人が怖い。人が憎い。怯えて、怯えて、そればっかりです。

**私**：今はどうですか？　その「ねじれた思い」が今もありますか？

**佑さん**：あると思います。だから、普通の生き方が、まだできていないと思うんです。

佑さんが言う「ねじれたような思い」とはひねくれて、ひがんでということらしい。そしてその思いが、佑さんの対人関係に影を落としたと考えていたのだと思った。佑さんは「普通に生きたい」と語っていたが、佑さんにとっての「普通」とはいったいどういうものなのだろうか。

## 4　佑さんにとっての「普通」

### 「普通」とは何か

ここで少し、この「普通」ということを考えてみたい。佑さんだけではなく、私の面談に訪れる人の多くは自分について語るとき、「普通は」とか「普通に」といった言葉をよく使う。「普通は○○なのに、自分はそうではない」とか、「○○できるのが普通なのに、自分にはできない」などである。私は彼らの言葉を聴きながら、彼らを落ち込ませたり、傷つけたりする「普通」って何だろうかといつも思っていた。

私は発達障害児・者の援助をしている中で、どういう特性や状態がそう診断されるのかを考えることが多い。発達検査もその個人の困難を測るために様々な工夫がされているが、基本的にはやはり、ＩＱ検査の正規分布に表されるような基準があって、その基準からどれほど外れているかによって、その子どもの発達に課題があるとかないとかを判断するようになっていると思う。しかし、この基準というのは、人が生きている現実の場から見るとあまりあてにならないように感じる。そもそも、ある基準は、その人が生きている社会や文化、あるいは歴史といった価値観の中で求められている「能力」を測り、その正規分布表の中心あたりに位置するマジョリティを基準にして「○歳なら○○できて普通」などと言うのだが、そこにどんな意味があるのだろうか。あくまでも、その人が生きる社会の価値観が人の能力として求める基準であるのだから、相対的なものとは言えるが絶対的なものではない。

たとえば、先日、講義の中で、私たちの社会にある「暗黙のルール」について学生たちに話し合ってもらうというワークをしたことがあった。そのワークの中で、ある学生が「一つには、お葬式では騒がないというものがある」と言った。確かに、葬式で騒がないということは、日本を含む多くの諸外国でも多くの人が暗黙のルールと考えているだろう。でも、アフリカのガーナ共和国では、リズムに合わせて棺桶をかついだダンスがにぎやかに行われているという話を聞く。そう考えると、それぞれの社会や文化によってかなり「死」の捉え方が異なり、葬儀の仕方も、何が正しいということはなさそうである。ガーナでは、人の死は「新たな人生への旅立ち」と捉えているらしく、その新たな人生を祝福するという意味で、にぎやかに見送るらしい。となると、世の中にはこれといった絶対的なルールはなく、その社会や文化が何かをどう捉えるかが、「一般的」、「普通」と言われるものになり、世の中の人の「暗黙のルール」として存在するようになるのだ。そして、私たちは、それをあんまり深く考えることなく、絶対的なものとして、自分たちの内面に無差別に取り込み、そしてそのことの意味を意識することはない。だから、世の中で「それが正しい」とされているルールが守れない、あるいはそのルールに従おうとしない人を、「障害」とカテゴリー化する場合があるのだろうと思う。とはいえ、その社会に生きる人たちのほとんどが、「それが正しい」と考えているならば、その本質がどうあれ、そうではない人、あるいはそうすることに困難がある人たちにとっては、生きにくい社会であるのは確かである。そこで、私は、佑さんを悩ましている、あるいは苦しめている「普通」という言葉が、佑さんの中にどのように根を下ろしているのかについて聴きたいと思った。

## 「普通」と「理想」

**私**：たとえば、佑さんにとって、「普通に生きたいと思っている」って言わはりましたけど、それというのは具体的にどういう風に生きることなんですか？

**佑さん**：普通です。山本さんが考えるような普通の生き方です。

**私**：たとえば？

**佑さん**：父親はちゃんと仕事をしてお金を稼いで家族を養って、人ともうまくやっていって、家族に関心をもって、思いやりをもって、子どもからも奥さんからもいい人やなって思ってもらえて、子どもが結婚して、孫ができて、なんの問題もなくて、みんな仲良く歳とっていくのが、普通の人の生き方だと思います。

**私**：あ、確かに、理想的な生き方かもしれませんね。でも、世の中の人は、みんな、そんな人生を送っているんですかねぇ……？

**佑さん**：あ……、理想なんかな。わからないです。でも、あ、人から話を聞くと、大小あるけど、なんやかや家族内でもめてるいう話も聞かんことはないですし、離婚したいう話も多いんで、そんなことはないんかもしれませんね。

**私**：確かに。もめるとか、離婚とか、そんな感じのこと、ぜんぜん珍しくはないですよね。そしたら、「普通の家族」ってことでお話ししてくれはりましたけど、それは、佑さんにとっての理想の家族であって、そういう理想に近づきたいってことをお話ししてくれはったのかな。私も佑さんが言うような人生、もしあるとすれば、理想なんやろなあとは思いますけど、現実はそうでもないことの方が多いですよね。人間ですからね。いろいろありますよね。ただ、その理想に近づくために努力をするっていうのはあるかもしれませんけどね。

佑さんが言った「普通の生き方」のお手本みたいなものをどこで身につけたのだろうか。私自身に引き寄せて考えてみると、明確に「どこで」とは覚えていない。しかし、私にも、佑さんが語った「理想の家族像」の内実は理解できるので、知らず知らずのうちに、一般的な家族像として内面に取り込まれていることには違いない。しかし、もし、それが現実を生きる人を苦しめるようなものになっているとすれば、意味がないし、かえって邪魔なものになるので、どこかで視点を変えていかなくてはいけないものだろうと思う。理想に縛られて、現実を苦しむなんて、人生もったいないと思うのだ。

余談になるが、同じような意味で、世の中には、善悪や真偽を決める「白黒をつける」といった言葉があるが、本当にそんなことができるんだろうかといつも思っている。私たちが生きる現実は、白や黒が交じり合った世界なのに、そこに明確な境界を引くことができるのだろうかと不思議だからだ。むしろ、線を引こうとすることによって、そこに葛藤や対立を生じさせるのだとしたら、その行為もまた、現実を生きる人たちにとって意味のないことではないだろうか。

今は、家族に対する意識や捉え方もずいぶんと変化し、家族形態の多様性も認められるようになってきたとはいえ、いまだに、昔ながらの考え方は深く私たちの中に根付いている。特に、佑さんの場合は、年代もあるだろうが、「父親として、きちんと仕事をして家族を十分に養えなかった」「そんな自分は異常なんだ」という思いに責められ、それが家族との葛藤を生じさせていたとすると、どこかで、「こんな自分でいいんだ」「こんなお父さんもいるよ」と少し緩やかに自分を受け入れてくれたら嬉しいと思っていた。

**佑さん**：自分が「普通の生き方」て思ってたんが、「理想」やとしても、自分がやってきたことは、やっぱりあまりにもおかしい。家族みんなに迷惑かけて、みんなの人生を無茶苦茶にしてしまったのは、後悔しても後悔しきれないことです。

**私**：それは、ちょっと症状っていうのもあったと思いますから、その部分はお薬に助けてもらいながら、本来の佑さんを取り戻していったら、何も遅いということはありませんよ。これからですよ。それに、後悔することって人生にはいっぱいありますよ。私もそうです。でも、後悔してたって、何も変わらない。具体的に動いていきましょうよ。これからまだまだ人生は長いですから、理想に近づいていくためには、何をしていったらいいかをみんなで一緒に考えませんか。ちょっとずつ、佑さんが理想とする人生に近づけていったら、それでいいんじゃないでしょうか。今がスタートラインですよね。

## 佑さんの変化

この面談があってから、支援チームの援助者たちが、「佑さんは、少し、変わられましたね」と言っていた。佑さんは従来、服薬治療を適切に受けていれば、どちらかといえば、親切で、繊細で、穏やかな人である。ただ、頑固なところも少しはあって、自分のための支援なのに、まるで「他人事」のようで、気に入らないと語気が荒くなったり、怒ったりと、援助者からしたら、「少しやりにくい人」になることもあった。そのあおりを一番受けていたのが、訪問看護師だった。佑さんは自分の病気を受け入れるようになっていたのだが、とにかく「薬飲んだってなにも変わらん」「かえって悪くなる」と言って服薬を拒否することがある。しかし、訪問看護師には、佑さんが薬を飲まないと再び感情の波が大きく揺れ動き、それによって周囲が巻き込まれていくのがわかっているので、何とか、通院してもらうために苦労をしていた。しかし、それが、通院を素直に受け入れるようになったそうだ。そして、佑さんの支援の担当である香織さんだけにではなく、訪問看護師やヘルパーにも、だんだんと甘えて頼るようになり、必要な援助を自分から求めるようになっていったという。支援会議の中でも「こういうことに困っている」「これからこうしたい」という明確な困りごとや希望も語られるようになってきた。この佑さんの変化は援助者たちの変化をも生じさせた。援助者の中では、佑さんの疾患にのみ焦点を当てるのではなく、佑さんの生活歴をもっと深く聴きながら支援を考えていこうとする姿勢に変わっていったのだ。佑さんは自分の理想とする人生へのスタートを切ったのだろうか。

## 5　借金とお金のこと

### 佑さんなりの理由

少しずつ、佑さんの様子が変わっていった頃、佑さんがいう「家庭崩壊」を招いた過去の借金の話になっていった。

「頭がおかしくなっていたときに、失業しているのに、貯蓄をぜんぶ使ったり、それでも足りないとローンを組んで、ベンツやら外車を五、六台買ったことがあります。仕事で使うような高価な鍋を買ったり、無茶苦茶しました。」

双極性障害がある人に「躁」の症状が強く出るときには、こういった話をよく聞くので、佑さんが次々に高価なものを購入し、借金を繰り返したのもそのせいなのだろうと思っていた。ところが、佑さんはこう語ったのだ。

「ベンツやらなんやら買ったら、嫌でも働いて払わなくてはいけなくなる。自分にプレッシャーをかけて、借金を払うために金を稼ぐ。自分を奮い立たせるために、借金をしたんかなあと、今はそう思うこともあります。」

私は、佑さんのこの言葉に驚いた。家族からしたら、「何を都合の良いことを言っているんだ」と思うだろうし、佑さんの借金を清算するために、それまで住んでいた家を売り払わなくてはならなかったことを思うと、家族にとっては許しがたい行動だったに違いない。しかし、佑さんはその当時、症状が強く出ていたため、常に興奮していて、夜も眠ることができず、誰に対しても攻撃的で、この借金をしたときには、佑さんが自分でも「頭がおかしくなっていたときに」と言いうくらい極限の状態におかれていたそうだが、この借金は、佑さんが言うように「自分を奮い立たせよう」という思いからだったとしたら、それは家族のために必死で頑張ろうとする佑さんの行為だったともいえるのだろう。この話を聴いて、佑さんと同じような双極性障害だけではなく、精神障害がある人の症状の背景には、そのときには私たちには理解できないかもしれないが、後から話を聴くと、その人なりの思いや理由もあるのだと思った。

**佑さん**：ただ、そのときは、それが一番いいと思っていたのが、やはりおかしなことで。だから病気だったんだと思います。本当は、地道に働いていれば、借金を抱えて、家を売り払わなくても済んだだろうし、息子にその処理を全部やらさなくても良かっただろうし。それがわからなくなっていたのは頭が狂っていたからだと思います。そのせいで、家族には迷惑を掛けて、申し訳ないと思うだけです。

**私**：息子さんがすべて処理されたんですか？　でも、まだ若いのに大変だったでしょうね。一生懸命だったんですね。なんとか、家族を守ろうとしておられたのかな。

**佑さん**：そうだと思います。息子には申し訳ないと思いながら、甘えているところもあって。このないだ（自己判断で断薬をしたとき）、また、強気になってしまって、仕事もできなくなっていたときに（香織さんと探した最初の料理屋は精神が不安定になったため辞めていて再び生活保護で暮らすようになっていた）、借金はしなかったですけど、息子に酷い言葉を吐いたんです。怒鳴ってしまったんです。

息子さんに酷い言葉を吐き、怒鳴ってしまったことに佑さんはひどく落ち込んでいた。せっかく心配してきてくれた息子さんに「うるさいわ。はよ、帰れ。お前の世話なんかになるか」と怒鳴ってしまったそうだ。怒って帰ってしまった息子さんを見て、とても反省したそうだ。「あ〜、またかわいそうなことをしてしまった」と落ち込み、しばらく動けないほどのうつ状態になったらしい。訪問看護師からの通院の勧めを素直に受け入れたのもこの当時であり、この息子さんとのやりとりが理由の一つになっていたのかもしれない。

このときには、息子さんもショックを受けたようで、しばらく連絡が途絶えたという。香織さんは「もう、お父さんの支えは限界だって思ってるんじゃないでしょうか。だって、若くて、自分の生活をこれから立てていかなくてはいけない時期に、お父さんのことまで抱え込んで気の毒に思います」と心配していた。佑さんもこのことは十分に理解していたようで、「息子の生活の邪魔になっているのはわかっているから、少しでも早く働いて、自立して、安心させたい」と寂しそうに言っていた。そういうとき、やはり佑さんは「お父さん」なんだなと思って聴いていた。

息子さんとのやりとりがあった頃は、断薬していて、「躁」の症状が強くなり、息子さんだけではなく仕事場でも喧嘩になったそうで、辞めてしまっていた。職場で喧嘩した背景には、借金をしたときと同じように、佑さんなりの理由があったのだろう。

佑さんが言うには、料理人の世界も、職人の世界と似ているそうで、丁寧に教えてくれるというよりも、仕事をしながら自分で覚えろというスタンスだったらしい。料理長や同じように働いている人の言葉もきつく、教えるというよりも、ただ否定されているとしか感じられなかったという。そんなときには、父親がかつて言った「一人前にならんとどうするんや。嫁さん子ども養わなあかんのやぞ」という言葉がそのときの情景とともに鮮明によみがえり、それが励ましになったり、恐怖になったりしたそうだ。それでも、服薬をしていたときには、なんとか無難にやり過ごしていたことも、服薬しなくなると今まで溜めていたものが噴き出し、料理長や仲間と大喧嘩になり、逃げるように退職してしまったらしい。

佑さんはそのときと同じような理由で若い頃から離転職を繰り返していた。二〇代で結婚したものの、家庭生活は奥さんの努力によって成り立っていたという。その後、二人の子どもが生まれたが、仕事が定まらないため経済的に困窮したときには、奥さんや奥さんの実家が献身的に支えてくれたらしい。

### 薬とのつきあい方

佑さんは息子さんに怒鳴ったことを後悔したのだろう。「また、同じことをしているんです。自分はやっぱり、人として異常なんです」と語った。私はそれを聴いて「異常なんてことはないです。息子さんに申し訳ないと思うのもわかります。これからは、お薬に助けてもらって、ぼちぼちいきませんか」と言った。佑さんは「医者は信用できないし、薬はなんの役にも立たないと思うけれども、今回みたいに異常になるのは困るから、続けてみようと思います」と仕方なく受け入れていた。息子さんに怒鳴ったことがよっぽどこたえたのだろうと思った。佑さんの息子さんへの申し訳なさが、あれほど嫌だった服薬を受け入れさせたのだと感じた。

向精神薬は、症状を軽減することを助けてくれるものではあるが、その人の困難をすべて取り除くものではない。ときどき、「薬を飲んでるのに、ちっとも良くならないし、どうなってるんやろ」と訴える人がいる。「それは困ったねえ。どうなってるんやろうね」と言いながら、どうしてちっとも良くならないのかをその人の生活の中から具体的に考えるようにしている。たとえば、「睡眠導入剤がなかなか効かなくて量を増やしてもらったけど、それでも眠れなくてイライラする」と言う統合失調症の女性がいた。その人に一日の流れを聴いてみると、今はしんどいので施設の利用は休んでいるから日中は何もせず、ただ携帯のゲームをして過ごし、食事も週に二回訪れるヘルパーさんが作り置きしてくれた料理か、買いだめしているレトルト食品で済まし、食事をする以外は部屋でごろごろしているという。眠れないから眠れるまで携帯のゲームをしているらしいが、ちっとも眠れないのでイライラするということであった。「少し、できる範囲で身体を動かしてみる？　昼間はできるだけ、頑張って寝ないで済むような楽しみみたいなものをみつけて、夜は睡眠導入剤を飲んだら、携帯は見ないっていうのをやってみる？」とアドバイスすると、「そんなんできひんから困ってるんやんか」と言うので、「まあ、いっかい、だまされたと思ってやってみてくれへん？」と言うと、「だましてたら許さんからな！」と言いながら、それでもアドバイスに少しだけでも沿ってくれる。彼女の担当の職員に少しでも楽しいことに連れ出してほしいとお願いもしておいた。そうこうしているうちに、夜にまとまって眠れるようになったせいか、少しずつ、センターにも通って来られるようになり、「あんたにだまされて良かったわ」と言ってくれた。

人によっては、医師に「しんどい、しんどい」と訴えるのでどんどん薬だけ増えて、それでも症状が改善しないということがある。私は医者ではないので、私ができる範囲で、その症状を改善できる方法を必死で考えるのだが、やはり、一人一人の生活をまずしっかりと聴かないとわからないことが多い。佑さんの場合は、やっぱりお薬が感情の波が大きく揺れ動くことを抑えてくれると思われたので、まずは継続的に服薬治療を受けながら、佑さんが望む生き方に近づいていく援助を組み立てれば、時間がかかるかもしれないが、いつかは佑さんが望む人生がきっと実現するだろうと思っていた。

## 6　もう一度、家族になれるなら

佑さんとの面談を重ねていく中で、なぜ初回面談のときに切羽詰まった様子で「早く働くためにどうしたらいいのかを教えてほしいです」と言ったのか、その理由が少しだけわかったような気がしていた。佑さんはもう一度、家族に戻りたいのだろう。そのためにも、ちゃんと働いて、夫として、父親として、認めてもらいたいと思っていたのではないだろうか。奥さんに対して、息子さんや娘さんに対していままで自分がしてきたことは、一生、許されることではないということも十分わかっている。そして、幸せな家族を自分が壊してしまったという思いから逃れることもできていない。しかし、面談も終わりに近づくにつれ、「できたらもう一度、家族と一緒に暮らしてみたいです。奥さんや子どもたちがもし許してくれるなら」と言った。これが佑さんの心からの願いなのだろう。私はそれを聴きながら、家族一人一人の心には許しがたい深い傷が残っているだろうし、時間はかかるだろうが、佑さんがそれをあきらめない限り、いつか実現するのではないかと、密かにそう期待した。大変な時期を過ごされたご家族の思いもあるので、無責任なことを思ってはいけないのはわかっているのだが、当時とは違い、その原因になった疾患とも、適切な治療や援助を受けながら、なんとか折り合いをつけて生活ができるようになっている。佑さんが自分の人生を立て直したいと思っているのは確かなのである。

また、仕事を辞めてからは、生活保護受給者に戻ったと聞いていたので、「お金の方はどうですか？　やっていけてますか？」と聞くと「何も欲しいものはないので十分です。家賃保護も出ますし、自炊をしているので、お金に困るということはありません。ただ、早く働いて、貯金をするようにして、少しでも、家族に渡したいと思っています」と言った。こうした佑さんの家族への思いがいつか通じることがあれば、それは佑さんにとっては嬉しいことに違いない。これは、佑さんだけではなく、佑さんを取りまく援助者や私の願いでもある。それぞれの援助者にとってたいへんなこともたくさんあったが、それでも諦めず、自分を責めながら家族への許しを請う佑さんが、いつか、もう一度、家族の温かさに包まれるようになってくれたら嬉しいと、援助してきた多くの人たちは無責任かもしれないがそう願っている。

最後に、佑さんは家族についてこう語った。「二度と一緒になれないとしても、これからは家族が理想とする夫、父親の姿を見せていきたいと思っている」と。

私は「理想じゃなくったって、佑さんが夫であったこと、父親であることには間違いはないですから、その思いは大事にしながらも、それに縛られず、佑さんの思いを素直に表現していってくださいね」と言い、面談を終えた。

佑さんは今でも、ときどき、遠方から訪ねてきてくれる。私や佑さんに関わった援助者たちは佑さんの来訪を喜び、奥さんや子どもさんたちの心の傷が癒され、いつか佑さんが望むような家族が再構築される日を楽しみに待っている。

**注**

（1）地域生活支援センターの事業目標は、厚生労働省によると、「障害者及び障害児が、自立した日常生活又は社会生活を営むことができるよう、地域の特性や利用者の状況に応じ、柔軟な形態により事業を効果的・効率的に実施。もって、障害者及び障害児の福祉の増進を図るとともに、障害の有無に関わらず国民が相互に人格と個性を尊重し安心して暮らすことのできる地域社会の実現に寄与する」とされている。（厚生労働省「地域生活支援事業の概要」https://www.mhlw.go.jp/stf/seisakunitsuite/bunya/hukushi_kaigo/shougaisha hukushi/chiiki/gaiyo.html）

（2）医療保護入院とは、厚生労働省によると「医療と保護のために入院の必要があると判断され、患者本人の代わりに家族等が患者本人の入院に同意する場合、精神保健指定医の診察により、医療保護入院となる。連絡のとれる家族等がいない場合、代わりに市町村長の同意が必要」とされている。（厚生労働省「みんなのメンタルヘルス　精神科の入院制度について」https://www.mhlw.go.jp/kokoro/support/hospitalization.html）

**引用文献**

厚生労働省ホームページ「ヤングケアラーについて」https://www.mhlw.go.jp/stf/young-carer.html

# 第4章　孤独の中で

太郎さん（仮名）については、文章化はしていないが、いくつかの場所ですでに口頭で紹介している（山本、二〇二一、二〇二二a、二〇二二b）。ここでは、口頭での紹介という、時間にすれば二〇分足らずの時間の中で伝えきれなかった太郎さんへの援助実践を語っていきたいと思っている。

## 1　太郎さんとの出会い

### 捨てられて

太郎さんと出会ったのは、太郎さんが六四歳のときであった。現在は六八歳になっていて障害者が居住するグループホーム（以下、ＧＨ）を利用している。太郎さんは、統合失調症・有機溶剤後遺症と診断されており、精神障害者保健福祉手帳二級を取得している。私が太郎さんに出会ったときには、地域生活支援センターを利用していたが、幻聴と振戦に苦しんでいて、精神科病院への入退院を繰り返していた。「何が聴こえるんですか？」と聞くと、「なんかいろんな声が聞こえるな。うるさくてしょうがない」と言っていた。太郎さんが言うには、その幻聴は、太郎さんの悪口であったり、「お前なんか生きていても仕方ないから死ね」だったりと、太郎さんを否定する声だったらしい。そして、その声は、誰か特定の個人が言っているということではなく、しいていえば、集合的な声であり、太郎さんの言葉を借りれば「自分以外の全部の人の声が集まったもん」だそうだ。これは、他の統合失調症の人もそう語るが、幻聴は太郎さんと同じように自分を責める言葉がほとんどだという。ただ、一度だけ、空笑している人に、職員さんが「何が面白いの？」と聴いたとき、「山本さんが面白いこと言った」と答えていたという話をしてもらい嬉しかった覚えがある。この空笑の人の話から考えたことだが、もしかしたら、幻聴には、それまでその人が受けてきた言葉が記憶として取り込まれているのだとしたら、太郎さんや他の統合失調症の人たちの幻聴で聴こえてくる厳しい言葉は、過去に実際の他者から投げかけられていたのかもしれないと心が痛んだ。

　太郎さんに話を戻すと、幼い頃に事情があったようで、実の両親とは離れ離れになり、親せきの家をたらい回しにされて育ったそうだ。親せきの家では、太郎さんなりにずいぶんと気を遣い、嫌な思いも何度もあったようで、親さえいたらこんな思いをせずに済んだろうにと、親を恨んだこともあったという。「捨てられたんよな。生まれたときには母親はおったはずじゃけど、おらんようになったんよ。捨てられたんやろね」と言っていた。父親も太郎さんを親せきの家に預けて、遠くで仕事をしていたため、滅多に会うこともなかったようだ。

## 親せきの家を転々とする

**太郎さん**：親せきの家はきつかったなあ。自分だけ、ご飯の残りもんのようなご飯で、辛かったなあ。いらんかったなあ。食べたい、食べたいのときやもの。

**私**：食べ盛りの頃にそれはきつかったですね。

**太郎さん**：きつかったなあ。いつも、腹をすかしてたな。家の手伝いも、そこの家の子は（手伝いを）せんでも、自分ばっかりせなあかんかったな。（学校が終わっても）遊びにも出れんかった。仕方ないんじゃけど、まぁ嫌な思い出しかないわな。

太郎さんには兄弟がいなかったので、一人で子どものいる親せきの家を転々とし世話になることになった。まだ幼い太郎さんにとっては、さぞかし寂しく心細い日々だっただろう。それでなくても、突然、母親が自分の傍からいなくなり、父親までも年に数回しか会うことができなかったことを考えると、まだ幼い子どもがよくその状況を耐えてきたなと心が痛んだ。一方、親せきの人たちの立場に立てば、自分たちも小さい子どもを抱え、それほど裕福だとはいえない中で、突然、太郎さんを引き取って養育しなくてはならなくなったことで、困惑もしただろうし、どう育てていいのかわからなかったのかもしれない。太郎さんの語る親せきの家での過酷な生活は真実ではないかもしれないが、太郎さんがそう捉えていることは紛れもない事実であった。

**私**：どのくらいの期間を一つの家で過ごされていたんですか？

**太郎さん**：そうじゃなあ。長いところで六年。中学と高校で六年。おんなじところで世話になった。それまでは転々やな。短いところやったら、四ヶ月ほどじゃったろうか。学期一つ過ごすのは待ってくれとった。途中で、転校させたらかわいそう、思ってたんか。

**私**：太郎さんのことを考えてくださってたんですね。

**太郎さん**：小さい頃はようわからんから、そこの家の人に「お母ちゃん」「お母ちゃん」てなついとったから、かわいがってくれてたんかもしれんけど、小学校に入る頃には事情も少しはわかるようになってきてるから、何をされても、嫌がらせをされてるとしか、取れんかったからな。口もきかんようになって、かわいげのない子どもやわな。家出も何回もした。

私は太郎さんに「何か、その中で、面白かったこととか、楽しい思い出とかあったら教えてください」と明るく聴くと、「子どもの頃のことは、あんまり思い出しても面白いことないからな」

と言い、「虐待されとったという思いしかないわな」と語っていた。私は内向的な子どもだったし、家にもいろいろ問題を抱えていたので、自分の小さい頃のことを思い出すと、色でいえば、黒に近いような灰色のイメージだが、それでも、その中に、父と母と三人で手をつないで夕焼けの中を歩いた思い出があり、そのことは、灰色の世界の中で小さな光として思い出すことの一つになっているので、太郎さんの世界に、もしそんな小さな光があれば、それに気づき、語ってくれるようになるまで待とうと思っていた。

太郎さんが生まれたのは大阪だったが、その後、両親に連れられて郷里の九州地方に転居し、そこで育つことになった。太郎さんの両親の郷里は九州地方の田舎町にあったため、親がいなくなったら、親せきが面倒をみるのが当たり前だったそうだ。児童養護施設に入所するという選択もあったとは思うが、太郎さんが育った時代やその地方では、親せきがいるのに子どもを児童養護施設に入所させるのは「恥ずかしいこと」であり不憫なことと思ったのかもしれない。

現代でも、高齢者の介護に疲弊しながらも、「世話になった親だから面倒をみなくてはいけない」と思ったり、むしろ「自分の親を施設に預けるのは世間体が悪く恥ずかしいこと」と捉えることによって、重い介護が必要な親を高齢者施設に預けず、自宅でみている場合があるが、それが高齢者虐待に繋がるという話も聞いたことがある。介護をする人、受ける人がそれぞれ疲れ切ってしまい、精神的に余裕を失い、それまでの良好な関係を崩してしまうことがあるのだろう。その「恥ずかしい」という思いが、双方の心の中に葛藤を生じさせ、お互いに対する思いやりを失わさせていくとしたら、世間体に囚われず、福祉に委ねた方がよい場合もあると思う。

太郎さんは、中学校にあがるまで、親せきの家を転々とした。転々とするので、私物と呼べるものはほとんどなかったそうだ。そして、「今度はどこに行かされるんだろう」、「今度も虐待されんだろうか」と心が落ち着くことがなかったという。太郎さんが「山本さん、親に捨てられるいうことはそういうことやで」と言い「自分はまともに育ってないんよ。今まで、無茶苦茶な生き方をしてきたんも仕方がないんよ」と言ったとき、私は何も言えなかった。

## 2 居場所を探して

太郎さんが中学校に上がるというときに、ある裕福な親せきが「あんまりかわいそうじゃから、うちが引き取る」と言ってくれたので、その親せきの家で、中学校と高校の六年間を世話になった。一緒に住んでいた親せきの子どもにはかなり気を遣ったそうだが「いい人じゃったな。おばさんも優しかったし、じゃけど、自分がだめやったな」と言った。「自分がだめだったとは?」と聴くと「まあ、ぐれたんよな。まともな家庭で育ってないからな。そんな奴らと集まってシンナー、ずっとやってた」と言った。

太郎さんからこの話を聴いたとき、かつて、幼い頃から虐待を受け続け、精神を病み、その後、暴走族に入った人の話を思い出した。その人から「なんで、暴走族に入ったかわかりますか?」

と聞かれたことがある。仲間や居場所を求めていたのかなと思ったが、その人は「一瞬で、楽に死にたいからですよ」と言った。確かに、バイク事故で内臓が破裂したとか、ぶつかって命を落とすという話は聞くので、「そうか、この人は、いつも『死』を求めながら、走っていたのだな」と思うと辛かった。幼少期の過酷な体験は、その人の精神状態に暗い影を落とすことが少なくない。太郎さんもそうだったのだろうか。

「でもな、中学、高校とサッカーをしとったんよ。ハットトリックを三回もしたんやで。」

こう語ったときの太郎さんの顔がそれまでのうつむき加減ではなく、私の顔をまっすぐ見て笑いながら言ったので、サッカーだけではなくスポーツ全般に詳しくない私でも、それはすごいことなんだろうなと思った。そして、このハットトリックの話は、それから何度も何度も語られたので、太郎さんの人生の中で一つの光として輝いていたのがわかった。そして、太郎さんの今を支えている大切な体験だったのだろうと思った。私は、太郎さんの人牛の中の光が語られるのを待っていたので、この話はとても嬉しかった。そして、そこから、少しずつではあるが、こうした光の思い出が語られるようになってきた。

太郎さんは、中学に入ってから、事情はわからないが、太郎さんと同じように親から離れて一人で部屋を借りていた友達ができたそうだ。数人の仲間と、部活帰りにその部屋に集まるようになり、そこでいつのまにかシンナーを吸うことを覚えた。初めは好奇心からだったようだが、やっとできた仲間たちと秘密を共有しているのも嬉しかったし、何より、シンナーを吸っているときにはこれまでの嫌なことをすべて忘れることができたという。引き取ってくれた親せきの家にも夜中に帰るようになり、何度も怒られたが、それよりも、仲間と一緒に、他愛のない話をしながらシンナーを吸うことで、不思議な安心感を覚えていたので、止めようとは思わなかったそうだ。

ところが、ある日、入部していたサッカー部の先輩にシンナーを吸っている仲間と一緒に呼び出された。そして、こう言われたそうだ。「お前ら、何をしとるんや。止めろ」と、腹を一発ずつ殴られたという。太郎さんは、その先輩について「いい先輩やったな。自分らのことを心配してくれて。良い先輩やった」と語り、「自分のことを気に掛けてくれたいうんが、嬉しかったわな」と言った。「それでシンナーは止めたんですか?」と聞くと、「そんなん、しばらくは止めたけどな。そんな急に止めれるもんでもないわな」と言った。高校に入ってもサッカーは続けていたそうで、高校では国体の選手にも選ばれたらしい。これも太郎さんの人生の中での光の思い出だと思った。

高校を卒業してからは、ちゃんと仕事についたものの、今度はパチンコにはまったそうだ。「パチンコが好きで、失敗して、結局仕事を辞めた」と言うので、「失敗とは?」と聞くと、「借金して、打つやろ。勝てんからいつまでたっても借金は返されんし、また借りて打つから、借金は膨れ上がるわな」と言った。

この当時、太郎さんは街金でパチンコ代を借りていたそうだ。結局、返すことができず、「飛んだ」という。借金を踏み倒したのだ。こうして、太郎さんは生まれ育った九州から関西地方に移らざるを得なくなった。故郷を後にすることについては「(生まれ育った土地では) いい思い出もないから、未練もなかった」という。

## 3　シンナーとパチンコを心の支えに

関西地方のある都市に移ってからは、工事現場で働き、会社が用意した寮で寝泊まりするようになっていた。これまでの経歴についてうるさいことを聞かれない会社を選んだそうだ。

**太郎さん**：最初は関西には慣れんで (慣れなくて)、またパチンコに行くようになったけど、一回えらい目にあってるんで、今度は自分がもっている金で勝負するようにはした。

**私**：趣味の範囲内でのパチンコですね?

**太郎さん**：……まあ、寮では誰とも話をすることもなかったから、休みの日には一日中、パチンコ屋におったな。

パチンコ屋の喧騒と無心に玉を打つことで、仕事で嫌なことがあっても、その瞬間は忘れられたという。また、この頃から、再び隠れてシンナーも吸うようになっていたらしい。そのせいもあるのか、二一歳頃から、頭の中で変な声が聞こえるようになったため、パニックになってしまい精神科病院に任意入院した。医師からは「統合失調症」と診断され、その後は調子を崩すと自分で入退院を繰り返すようになった。九州地方の片田舎から関西に出てきて、知り合いもおらず、仕事仲間とは交流を持っていなかったので、入院といえども、孤独感からは解放されたという。「入院は、悪くなかった」と、その後も、何か調子を崩すと、すぐに救急車を呼び、精神科病院に入院するようになったらしい。

調子が悪くなれば入院して、少しましになれば退院し、非正規の仕事を転々としながら暮らしていたそうだ。そんな中、三二歳頃に、親せきから父親の噂を聞くことがあった。父親は、太郎さんが住む場所からそれほど離れていないところに、内縁の女性と一緒に住んでいたそうだ。懐かしさもあったらしく、ときどき、会うようになったという。やはり、父親という存在がいることが嬉しかったそうだ。

**太郎さん**：その頃、父親に勧められて、結婚してるんよ。ちょっとの間やけど。

**私**：そうなんですね。家庭ができたんですね。お子さんは?

**太郎さん**：子どもはできてない。嫁さんが〇〇中毒で、警察につかまったり、精神科病院に入院したりして、結局、二年ほどかな。別れたんや。

太郎さんは、再会した父親の紹介で、ある女性と籍を入れた。しかし、太郎さんも幻聴に悩まされていたし、その女性にも精神疾患があったので、結婚生活は長続きせず、離婚に至ったようだ。太郎さんは、自分の家族が欲しかったので、結婚したら、自分の人生もやり直せるかと思ったそうだが、結婚相手自身も、しんどさを抱えていたため、太郎さんが望むような結婚生活ではなかった。「幸せになれると思ったんやけどな」と、離婚したことを後悔はしていないが、「やっぱり自分はダメなんだなあ」「人並みのことはできんのよな」と思ったそうだ。当時、この二人に支援の手が入っていれば、離婚に至ることはなかったのではないかと残念に思った。

## 4　服役のあと

その後、仕事を転々としながら、暮らしていたようだが、窃盗事件を起こし逮捕された。そして、初犯であり反省もしていることから、懲役三年、執行猶予四年の判決が下りた。ところが、その後に再び罪を犯し、今度は懲役三年の実刑になった。刑期が終了したのが六二歳のときで、刑務所にいるときから幻聴に苦しんでいたので、出所後は精神科病院にそのまま任意入院した。その後、治療を受けて少し楽になってきたと思ったので自己退院して、そのまま更生保護施設(1)に入ったそうだ。しかし、施設で再び精神状態が悪化したため、救急搬送にて精神科病院へ再度入院することになった。退院後は、更生保護施設から退所し、西成の地域生活支援センターを利用するようになり、その関連事業所が運営するグループホームに入所した。太郎さんが六三歳のときだった。その翌年に、生活介護事業所(2)も利用するようになり、そこで私は太郎さんの面談を頼まれた。

## 5　触法障害者について

### 西成の支援者のまなざし

ここで少し触法障害者への支援について触れておきたい。西成の地域生活支援センターにある地域定着支援は、大阪市からだけではなく他の自治体からも触法障害者支援の要請を受けることがある。西成の支援相談室で私は太郎さんを含めて四名の触法障害者に関わらせてもらったことがあるが、ほぼ全員が、他の自治体から西成に来ていた。

触法障害者というと、一般的には、やはり偏見や差別の対象になっているかもしれないが、西成の支援者たちは、触法障害者はもちろんのこと、障害や貧困をはじめとする社会的差別や偏見を背負わされている人たちに対して、援助者自身が偏見や差別のまなざしを向けることはない。障害者支援においてよく言われる「一人の人として向かい合う」とか、「同じ目線で」といったありふれた言葉では説明できないような実践の営みがそこにはある。目の前の支援を求める人が生きたい人生を実現するために、地域のネットワークを広げ、社会的資源を組み立て、人と人を「繋いでいく」という役割をただ果たそうとする揺らがないまなざしがそこにあるだけなのだ（山本、二〇二一c）。

触法障害者は、罪を犯した人ではあるが、彼らはすでに罪を償い、今後の生活を立て直そうとしている人々でもある。そのため、触法障害者への面談では、一応、これまでの経緯として、「どのような罪を犯したのか」について聴くことはあるが、彼らが犯した罪について話題にするのは最初だけである。それも「この人はどうして罪を犯したのか」の背景や理由を知りたいからである。

## 犯罪に結びついていった状況

彼らの話を聴いていると、もちろん全ての人に当てはまるとは言えないだろうし、罪を犯した背景や理由もそれこそ様々なのだが、触法障害者が語る「犯罪に結びついていった状況」にはかなり共通したものがあるように感じる。

かつて出会った五〇代の触法障害者の男性は、小さいときから虐待を受けていた。小学校低学年のときには、両親が急にどこかに出ていったきり二度と戻らず、彼は古いアパートに一人残された。近隣との付き合いもなく、学校にも行っていなかったため、誰にも知られることなく一人きりで暮らしていた時期があった。「たぶん、誰からも忘れられた子どもだったのだと思う」と語っていたが、まだ幼い子どもが一人でアパートに残され、電気や水道も止められたその部屋でよく生きていくことができたなとその情景が目に浮かび辛かった。さぞかし心細かっただろう。そして、わずかに残されていたお金も底をつき、飢えを満たすため、万引きを繰り返すしかなかったそうだ。見つかっても子どもだからと大目に見てもらえることも多かったらしい。周囲の大人は自分の事情をある程度わかってくれていたのかなあと彼はそう語っていたが、他の子どもが親と一緒に出掛けたりするのをみかけると、「親さえいてくれたら」と惨めな気持ちにもなったという。その後、児童養護施設に入所することができたものの、そこでの暮らしも決して楽なものではなく、自分は親から捨てられたという意識が強かったため、「すっかり自棄になりグレた」そうだ。

児童養護施設を出てからは、どうやって生きていったらいいのかわからず、むしろ、生きていく気もなかったそうで、唯一自分を「人として」受け入れてくれた（と感じた）反社会的勢力の団体に入り、全身に刺青も入れた。そこで罪を犯し服役をしたそうだ。そして、服役中にうつ病と診断され、出所後に支援に繋がってきた。彼を診察した医師からは「たぶん、小さい頃からずっとうつ状態の中を生きてきたと思う。早くに受診していたら、違った人生やったかもしれんね」と言われたそうだ。精神障害者保健福祉手帳の等級は二級だったので、かなり生活上の困難は大きかったのだろうと思う。彼は手帳を手にしたとき「なんか、ほっとした」と語っていた。

手帳取得によって支援に繋がることができ、彼を支えようとするたくさんの援助者の輪が彼を取り巻いていることがわかったからだと思う。もう、一人で頑張らなくていいのだと。

もう一人の人は、もともと知的に軽度の障害があったが、障害者枠での就職は嫌だったので就労支援を受けることなく一般の会社に就職しようと何度も採用面接を受けていたらしい。しかし、採用してくれるところはなく二十数回目の面接に落ちたとき、自分は世の中に必要のない人間だと思い死のうと考えたそうだ。そして、たまたま道を歩いていた人に向かって持っていた鋏を振りかざしたという。幸いなことに被害者はかすり傷ですんだそうだ。弁護士からは「なんてことをするんだ。もし、相手の人が亡くなっていたら無期懲役だ」と言われたらしい。人を殺めようとしたので実刑になり服役した。

私はどうして彼がそんなことをしたのか、その動機に納得がいかなかったので「なんで自分が死のうと思ったのに、何もしていない人を襲ったの？」と聞くと「自分で死ぬのは怖いから死刑になりたいと思ったんです」と言った。私は内心、そんな理不尽な理由があるものかと思ったので「それはないよね。そんなとんでもない自分勝手な思いで、関係ない人にすごい怖い思いをさしたんやね」と幾分、きつめの口調でそう言った。すると「今思うと、とんでもない話っていうのは自分でもわかるんですけど、そんときは自分でもわけがわからなくなってるから。でも、刑務所の中で冷静になって、ほんで、すごい親身になってくれる刑務官もいて、いろんな話をしてもらいました。今はやってはいけないことをしたと、ほんまに思ってます」と恥ずかしそうにうなだれた。

いずれにしても、罪を犯したことは許されることではないが、その背景には彼らなりに追い詰められた状況があり、その状況を乗り越えるための人的・物的環境に恵まれていなかったことが、罪を犯してしまった背景の一つになっていたのではないだろうか。誰かにＳＯＳが出せていたり、相談できる人がいれば、罪を犯すことはなかったかもしれない。私は彼らが利用しているセンターで一緒に絵を描いたり、農作業をしたりすることがあるが、その様子を見ていると本当は穏やかでいい人たちなのだろうなと思っている。

もともと彼らは精神障害や知的障害の特性から生じる困難があったのだが、適切な援助を受けることなく、追い詰められた状況を一人で乗り越えていかなくてはならないと思い込んでいたのかもしれない。そして、この「一人で」という思いが犯罪に繋がっていった一つの要因だとすれば、再犯を防ぐためにも、彼らが社会から孤立しないように、困ったときにはいつでもＳＯＳを出せる支援の輪を築かなくてはならない。ＳＯＳを出す力は他者を信頼するというところから始まる。そのため、支援の輪の中で、彼らと社会との絆を結びなおし、他者を信じてもいいのだということを知ってもらい、自分たちの課題に向き合っていこうとする力を育む援助が求められているのだと思う。太郎さんも何かに追い込まれ一人で闘っていたのだろうか。

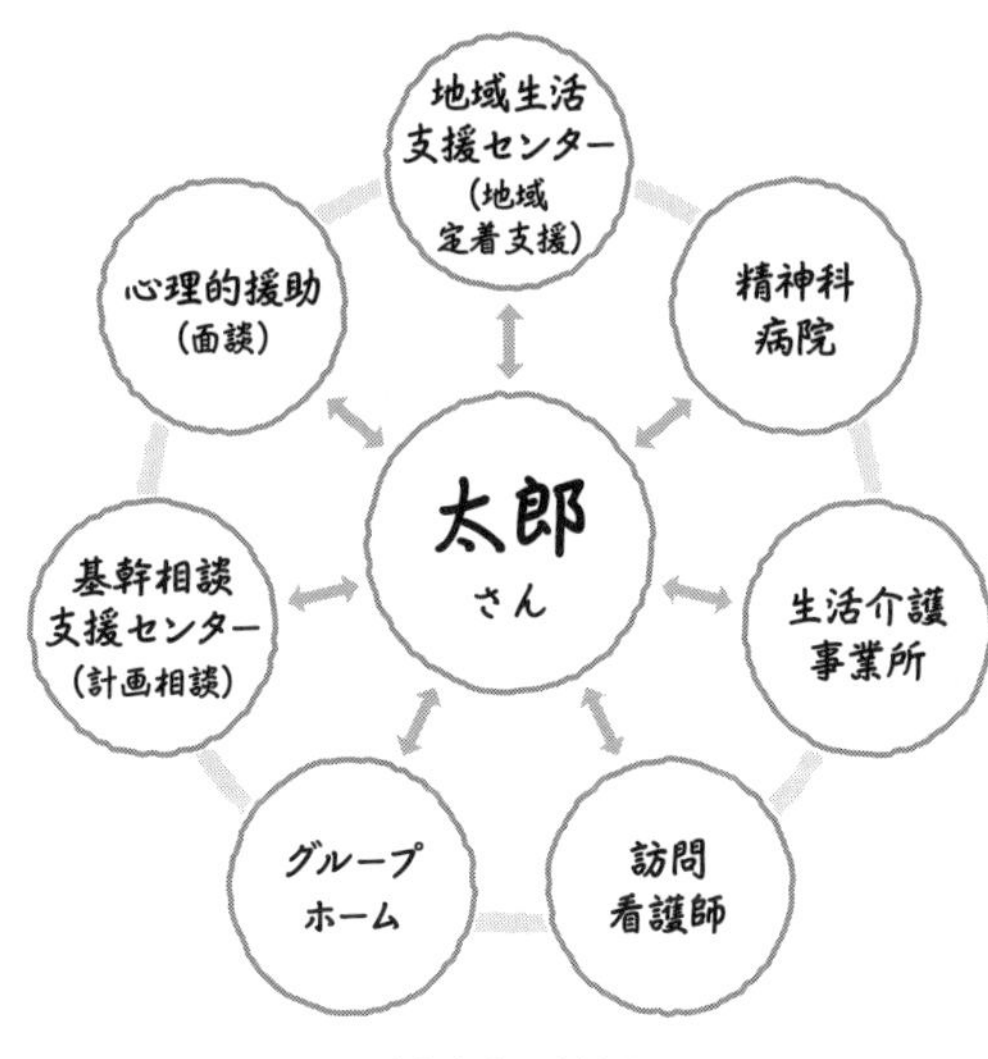


太郎さんの支援図

## 6　久美さんとチームを組んで

太郎さんの話に戻そう。計画相談担当職員の久美さん（仮名）は四〇代半ばの社会福祉士と精神保健福祉士の資格をもつ女性で、太郎さんの面談が始まる前に「何を聴くということもなく、ただ、太郎さんの言うことに耳を傾けてくれたら、それでいいですから」と言っていた。私は太郎さんの担当職員である久美さんが立てた支援チームで心理的援助を担当することになった。未だに幻聴や振戦に苦しみ、年齢を重ねることによって出てきた生活上の困難さも増えてきた太郎さんへの支援はかなり厳しいものだろうと思ったが、久美さんは「なんとかなりますよ」と言って、太郎さんに必要な社会的資源を集め、太郎さんの支援計画を立てていった。

太郎さんへの支援はこう決まった。まずは、生活支援としては、ともかく「普通の生活」を体験してもらうこと。次に、通院同行と服薬管理をする訪問看護師を探し、症状を安定させるための通院と症状が強くなったときの入院を受け入れてくれる精神科病院と連携することにした。そして、入居施設の仲間や地域と繋がる活動への参加（地域の祭り、花見への参加など）を活発にしていき、太郎さんがいつでもSOSを出せる場所・人（担当職員）を確保することと、太郎さんの趣味や希望の実現（サッカー観戦など）をしていこうということになった。そして、一番大切なこととして、太郎さんが孤立しないように、小さなことでも相談できるように、太郎さんの声を聴き、一人の生活者として向かい合うという支援が組み立てられた。

## 7　一人暮らしの実現

### 不安を一つずつ、つぶしていく

ある日、太郎さんが「一人で暮らしてみたい」と久美さんに言ったそうだ。その頃の太郎さんは、幻聴も酷く、身体は常に震えていて、歩くことさえおぼつかない様子だったので、支援会議の中でも「無理じゃないか」という話になっていた。私が、過去に同じような困難がある人が周囲からの援助を受けながら一人暮らしを実現できた経験を話そうとしたときに、久美さんが「なんで？　やってみんとわからんことを無理とかいうのはおかしい」と言った。それでも、ほぼ全員の援助者が太郎さんの一人暮らしには反対だった。そこで、久美さんはこう言った。

「私ら援助者は、そもそもその人の『自己決定を支える』ために何をすればいいのかを組み立てるだけであって、『無理やろ』とか、実際にやってもみないうちから予想して、援助者の考えを押し付けるのはどうかと思う。どうすれば、一人暮らしが可能になるかを太郎さんと一緒に考えたらいいんじゃないの。」

この久美さんの言葉が支援チームの一人ひとりを動かしたようで、太郎さんの一人暮らしへの計画がスタートした。しかし、肝心の太郎さんは一人暮らしをしたいと言ったものの、久美さんに「一人で自分の家で暮らすのははじめてやから、どうしていってていいかわからん。不安でたまらん」と言っていたそうだ。私も面談の中で、その不安について聴くことがあった。そこで、久美さんは、太郎さんの不安を一つずつ、つぶしていこうと考えたようだ。私も面談の中で、太郎さんが不安に思っていることを具体的に聴いていった。たとえば、「掃除はどうしたらいいかわからん」「調理は自分でするにしても、やり方がわからん」「隣近所の人とどう付き合っていいかわからん」というので「一回、ヘルパーさんと一緒に掃除をしてみて、次からは自分でできるように教えてもらうとか。料理もめんどくさかったら、スーパーも近くにあるから、お米の炊き方だけ教えてもらって、出来合いの総菜ですますこともできますよ。近所の人たちに会ったときには『おはようございます』とか『こんにちは』って挨拶するだけでまずは十分だと思いますから、あんまり心配せず、一人暮らしの気楽さや楽しさっていうのを考えて、ね、明るく行きましょう」とアドバイスした。

結局、一人暮らしが始まってからは、掃除の仕方や米の炊き方、電気機器の使い方は、久美さんが横について何回か説明し、太郎さんも少しずつできるようになっていた。近所の人には久美さんと一緒に挨拶に行き、「はい、はい、こちらこそよろしくね」と快く受け入れてもらえていたようだった。こうして一人暮らしを始める前には不安も大きかっただろうが、太郎さんの一人暮らしの希望は実現した。

## 普通の生活を体験する

引っ越しの日に私も太郎さんのアパートを訪ねた。久美さんと訪問看護師、これからお世話になるヘルパーさんも来ていた。太郎さんのアパートは、四畳くらいの台所と六畳の和室があり、お風呂とトイレもついていた。一人暮らしには十分な広さであった。築年数が古いため、家賃もそれほど高くはなかったそうだ。太郎さんに「良かったですね。今日からいよいよ一人暮らし。楽しみですね」と言うと、「ちょっと心細いけどな。でも嬉しい」と言った。太郎さんの新居には、新しい炊飯器や電子レンジ、掃除機や布団などもそろっていた。こうした生活に必要なものは、前もって、太郎さんと久美さんが一緒に、電気屋や寝具屋を回り、太郎さんが気に入ったものを選んで配達してもらっていたそうだ。

引っ越しをした当日、太郎さんは、部屋の隅で壁にもたれながら、少し不安そうな表情を浮かべていたが、久美さんの「ほな、引っ越しそば食べに行こか」という声に「引っ越しそばな。行こか」と嬉しそうにうなずいた。私はこれまでの人生でかなり引っ越しをした方だと思うが、一度も引っ越しそばを食べたことがないので、この久美さんの提案には少し驚いた。もともと引っ越しそばは、引っ越しの挨拶にご近所に配ったものらしいが、今では近所へのご挨拶の品はタオルや洗剤などが主流になっていて、そばを配るという風習はないらしい。しかし、久美さんが当たり前のように「引っ越しそば、食べに行こか」と言い、太郎さんが「行こか」と答えたことは、久美さんが太郎さんの支援計画にいれた「普通の生活を体験してもらう」という支援の一つだと考えていたことなのだろう。二人から「山本さんも一緒に行きますか？」と誘ってもらったのだが、私は昼から面談が入っていたので、残念ながら辞退した。しかし、引っ越しそばに限らず、どんな状況においても、西成の援助者はこういった声掛けが自然にできる。それは、たぶん、援助者の援助を必要とする人々への向かい合い方や、その人をどう援助したいかの視点がぶれないからだろうと思っている。

太郎さんはアパートから生活介護事業所に休まず通ってきていた。私の顔を見ると、「最近、幻聴がましかもしれん」ということもあった。「一人暮らしはどうですか？」と聴くと、「気楽じゃわな。生まれてから、はじめてちゃうかな」と言っていた。ＧＨの暮らしも、衣食住を援助してもらえて楽だという人もいれば、集団で生活するしんどさや、日々のスケジュールに追われて息苦しくなるという人もいる。太郎さんは後者のタイプだったので、さぞかし、一人で羽を伸ばしているだろうと思うと、久美さんが会議の場で言った言葉の重さを今さらに感じた。

## 8　高齢者施設からグループホームへ

こうして一人暮らしをしていた太郎さんだったが、一年くらいすると、足腰に不調が出て、車椅子を利用しなくてはいけないような状態になった。いわゆる、太郎さんのＡＤＬ（日常生活動作）が酷く低下してしまったのだ。振戦もあるので生活するには大変なこともあっただろう。このまま一人暮らしを続けるとなると、日中の細々したことはヘルパーさんに世話になるとしても、夜間は太郎さんが一人きりになるので、何かあったとしても誰にも気づかれないかもしれず、その状態に不安もあった。そのため、久美さんは「ちょっと一人暮らしはキツイかな。年齢的には高齢者施設が使えるから、一人暮らしはいったん止めて、施設に移ろうか」と聞いたそうだ。太郎さんも「仕方ないな」と納得し、アパートを引き払って、高齢者施設に移った。

ところが、高齢者施設に入居して一週間でそこを強制退去になった。久美さんはすぐに太郎さんが退所になった施設を訪れて、その理由を聞いたそうだ。そこで見せてもらったケース記録には「施設職員に対する暴力・暴言により退所」と書かれていた。高齢者施設の職員からは「怒鳴ったりとか、モノを投げたりとか。怖いから『辞める』ていう職員もいて。これ以上、うちでは無理ですし、そもそもこういう人は集団で生活する施設とかは難しいと思います」と言われたらしい。久美さんは、「う〜ん、太郎さんらしくないな」と思ったそうで、「何かありましたか？」とその施設の職員に聞いたらしい。太郎さんは今まで理由もなく、職員に対して暴力を振るったり、暴言を吐いたりはしなかったからだ。

すると、高齢者施設の職員は「うちも、入所者の数に対して、職員の配置がギリギリいうところもあって、太郎さんは足がふらふらしているから、動かれると他の利用者さんにぶつかったりして、双方がけがをするということもあって、利用者の安全を守ることが第一なので、ふらふら動かれるとちょっと困るんですよね」と言われたらしい。久美さんは、かつて高齢者施設でも働いていたことがあったので、確かにもっともだなと思いながらも、「振戦があるし、足がふらふらしているから、動かれるとややこしいという理由で太郎さんが動こうとすると制止するみたいな関わりがあったのだな。そりゃ、太郎さんも怒るわ」と思ったそうだ。

高齢者施設を一週間で退所した太郎さんは、ＧＨに入居することになった。このＧＨは、知的障害や精神障害がある人が利用する居住支援施設で、入居している人の障害支援区分も様々なので、そこから仕事や作業所に行く人もいたり、ほぼ寝たきりの人もいたりするが、常に職員が在勤し、二四時間の見守り体制をとっている場所だった。太郎さんは、六五歳を超えていたが、障害福祉サービス継続を申し入れ、GHを利用できることになった。

GHの職員間では、久美さんから退所の理由を聞いていたのだが、「太郎さんにはGHの中を自由に動いてもらったらいい」と太郎さんが居室から廊下に出てくるときには、他愛ない話をしながら、さりげなく、ふらついたときにはすぐに支えられるようにしていた。この「他愛ない話をしながら」については、GHの職員が「なんか、転んだらあかんって見張ってるみたいなんは失礼やと思うから、他愛ない話をしながら様子を見ていて、転びそうになったら、設置してある手すりをそれとなく持ってもらうようにしてます」と言っていた。

太郎さんは足がかなりおぼつかない様子になっていたが、ふらふらしながらも自分で上手にバランスを取り、転ぶということはなかった。太郎さんを見守る職員の中では「GHは利用者さんにとっては家庭なんだし、その場所で自分らが行動を制止されたら、かなりイライラするから、できるだけ自由に動いてもらおう」という話になっていたらしく、太郎さんの行動を制御するような声掛けをする職員はいなかった。むしろ、「さすが、元サッカー選手やね。やっぱり運動神経がいいから転ばないね。大丈夫そうやね」という話になっていたらしい。これも、太郎さんのこれまでの経歴を閉じることなく職員間で共有しているからできた配慮だろうと思っている。

## 9　訪問看護師に怒鳴る

太郎さんがGHに戻ってから、私の心理的援助が再開した。私が訪れるのは、昼ごはんが終わった頃になるので、太郎さんはだいたい居室で横になって、テレビを観ていた。

ところが、ある日、いつものように、部屋に入ろうとしたときに、居室の外まで聞こえるような太郎さんの大きな怒鳴り声が聞こえた。部屋に入ると、真っ赤な顔をした太郎さんと、それまで会ったことがない訪問看護師が困ったように立っているのが見えた。「いつもの訪看さん（訪問看護師さん）じゃないんだな」と思いながら、「どうされたんですか？」と聞いた。太郎さんは怒りのおさまらない声で「訪問看護師のせいや」と言った。「何かありましたか？」と聞くと、訪問看護師がこう口を開いた。

**訪問看護師**：手も足の指も汚くて垢だらけ。考えられない。今日は思い切って、「こんな汚いの、はじめてみたわ。きれいにせなあかんやん。病気になるよ」言うて、思いきりゴシゴシこすったら、なんか怒ってるんですよね。怖いわ。

**私**：……。

**訪問看護師**：当たり前のことを言っただけ。なんで怒られなくちゃいけないの。

太郎さんの担当の訪問看護師が用事で来られなかったため、その日だけ臨時で訪問してくれたベテランの訪問看護師とのやり取りで太郎さんは大声をあげたようだ。職員によると、今日の訪問看護師さんは仕事ができて、とても評判のいい人らしい。しかし、良かれと思って言ったこと、したことに、太郎さんから罵声を浴びせかけられて「当たり前のことを言っただけなのに」とかなり落ち込んでいた。

訪問看護師の主な役割は、患者の自宅や施設に出向き看護処置を行うこととされているが、その内容は多岐に渡り、患者の日常生活のケアや家族へのサポートなども含まれている。そのため、家族に近い感情になったりすることもあるのだろう。しかし、今回の場合は、太郎さんの反応を見る限り、少し、声掛けの距離が近すぎたのかなと思った。

一人の人をチームで援助する場合、援助される人を中心に置き、その人を取り巻くそれぞれの専門職が、それぞれの専門性を認めながら、お互いの援助が適切であるかどうかを、スーパーバイズできるという利点がある。私も、他の専門職から私自身の援助の方法について指摘してもらうこともあり、有難いことだと思っている。そこで、その訪問看護師さんと少しお話をさせてもらった。

**私**：あ、やっぱり、手も足の指も汚くて垢だらけだったら、健康に影響しますよね。

**訪問看護師**：そうなんですよ。いつも「どうしてたの？」と聞いたら、そこを触られるのが嫌みたいで、今までほったらかされてるみたいやから、今日こそはって思ったんです。普通は、いつも来ている訪問看護師がこんなになるまでほっとくのがおかしいんやけど、できてなかったんやね。

このベテランの訪問看護師さんは、いつも来てくれる担当者の上司にあたるらしい。そのため、太郎さんの手や足の指を見て、部下の訪問看護師が自分の役割を果たしていないと思ったそうだ。そのため、太郎さんに対して、若干、きつく聞こえる声掛けをしてしまったのかもしれない。「役割を果たしていない部下の訪問看護師」と「触らせない太郎さん」の双方にかなり複雑な思いを抱えながら、それでも自分の役割を果たそうとした結果、太郎さんの怒鳴り声を引き出してしまったのだ。太郎さんの健康のために、自分の専門家としての役割を遂行しなくてはならないという思いを抱くのは無理のないことかもしれないのだが、久美さんが太郎さんへの支援の中心に置いた「生活者」として捉えたときには、少し工夫が必要かもしれないなと思った。

そこで「自分の身体が垢だらけで汚いなんて、はじめての人から言われるとちょっと恥ずかしいかもしれませんね。何しろ、男性ですから、女性にそういうことを言われると恥ずかしかったのかもしれませんよ」と笑い合いながら話をしているうちに、「なるほど」と思ってくれたのか、その訪問看護師は太郎さんに「ごめんね。なんかきつかったね」と謝ってくれた。そして、謝ってもらい気が済んだのか、太郎さんは訪問看護師に手や足を預け、汚れはすっかり洗い落とされてきれいになっていった。

私ももちろんそうなのだが、何かの専門職は、その専門家としての視点から、援助を必要とする人に声を掛けたり、対応したりするのだが、それが上手くいかないことも少なくない。専門家視点のみからの言葉は、ときに援助を求める人々を傷つけることもあるのだ。

## 10 「お母さんに会いたいんよ」

### 捨てられたわけではなかった

GHに戻ってから、「話があるんよ」というので、太郎さんの部屋に入ると、いつもの太郎さんとは違い、いきいきと高揚した表情で待っておられたので、何があったのかと思いながら話を聴いた。

**太郎さん**：久美さん、おるやん。GHに帰ってきてから、「何がしたい?」て聞かれて、「お母さん、生きてるなら会いたいなあ」て言ったら「ほな、探そうか」言うてくれて、昔のはがきやら知り合いやらあたってくれて、お母さん、みつかってん。

**私**：良かったですね！　会えたんですか?

**太郎さん**：久美さんが車いす押して一緒に会いに行ってくれた。お母さん、九二歳になってて、頭も真っ白。車いすに乗ってた。

**私**：どこにいたはったんですか？

**太郎さん**：○○精神病院におった。お母さん、ぼくを生んですぐに精神病（統合失調症）になって、ずっと入院していたんがわかった。ぼく、捨てられた思ってたけど、精神病やったらしかたないわな。

この話を聴いて、私は六〇年以上離れ離れになっていた母親に会えたということにとても驚いたし、何より嬉しかった。親せきは母親の入院を知りながら、太郎さんには伝えていなかったのだろう。母親は大阪の病院に入院していたので、発病したときに九州を離れたのだろうか。当時はまだ、精神病に対する偏見や差別があった時代のことなので、親せきの配慮から太郎さんの耳に入れることがなかったのかもしれない。太郎さんは、母親は自分を捨てて、急にいなくなったと言っていたが、病気のために入院しなくてはならず、太郎さんは決して捨てられたわけではなかったのだ。

**私**：お母さんは太郎さんのことを覚えておられましたか？

**太郎さん**：うん。「太郎」言うて、膝に、自分の膝に掛けてたひざかけを掛けてくれた（ふわっというジェスチャーとともに）。

私はその話を聴いてその情景が目に浮かび「あ~嬉しかったですね」と思わず言った。太郎さんは「あ~嬉しかったなあ。嬉しかった。『太郎』て、自分のひざ掛けを掛けてくれて。お母さんも病気で苦労したんやろなて。病気やもの。病気やったんやもの仕方がない」と自分に言い聞かすように言っていた。太郎さんが久美さんと一緒に母親が入院している精神科病院を訪れたのは、冬のことだったが、春を待たずに母親は逝去したという話だったので、本当に間に合って良かったと心から思った。

**太郎さんの語りの変化**

太郎さんの担当職員の久美さんは太郎さんの他にも何十ケースも抱えていて、とても忙しい人だったし、何より、援助を求める人との適切な距離を保つことが上手だった。適切な距離を保つので、人によっては「冷たい」と映ることもあったかもしれない。そのため、他の職員からは「久美さんは、利用者を甘やかさない」と評価されていた。それが今回は太郎さんの思いを聴いて、忙しい中で母親を一緒に探し、精神科病院に太郎さんの車いすを押して一緒にお見舞いに行ったのはなぜか。なんとなく理由はわかったが、久美さんの口からそれが聴きたかった。

**私**：太郎さんから、久美さんと一緒に、お母さんを探して、会いに行ったという話を聴いたんだけど、かなり大変だったんじゃないの？

**久美さん**：大変でしたよ。私物も少ないし、親せきともほとんど付き合いがない中で、お母さんを探すのは、めちゃ大変でした。で、病院にやっとこさ行ったときには、そこの看護師さんが「え〜、子どもさん、いてはったんですか」てびっくりしてました。

**私**：日頃は、上手に距離をとって支援してるのに、今回はちょっと違ったの？

**久美さん**：太郎さんの場合は違いますよ。甘えじゃないし。お母さんが生きてるなら、会った方がいいと思ったから。それだけですよ。太郎さんにとってはそうした方がいいと思った。それだけです。

久美さんが太郎さんと一緒に母親が入院する病院に行ったのは、太郎さんを支援するうえで非常に重要なことだと捉えていたからだそうだ。そして、その後の面談で語られる太郎さんの語りがかなり変化してきたので、久美さんが言うように、とても重要な出来事だったのだと思った。なぜかといえば、母親に会えたという話をしてから、太郎さんの語りが前向きなものになってきていたからだ。それまでは、過去を振り返り、後悔し、人を恨むような語りが聴かれることが多かったが、それ以後の語りでは、今の楽しさに焦点を当てたり、将来に対する希望も語られるようになってきたのだ。今の自分の在りようは、全て、まともではない「生い立ち」が原因だと語っていたことも、少し、自分自身のこととして捉えるようになっていた。

**太郎さん**：ぼくは高校卒業して、ちゃんと卒業して仕事しとったけど、パチンコが好きで失敗して、サッカーの先輩が心配もしてくれたのに、結局、言うこともきかず、ずっと友達とシンナーやって、こんなになってきたんやな。

**私**：これからですよ。楽しいこと、いっぱい探して、やっていきましょう。

**太郎さん**：そやな。そやな。あんたにも話したいときには話せるしな。そんなん探していきたいな。

太郎さんの語りが変化してきた背景には、やはり、最後に母親に会えたという体験が大きいなと思うことがある。小さい頃からずっと「捨てられた」と思い込んでいたことが、実はそうではなかったと知ったことによって、自分自身の存在を否定することもなくなっていた。社会で不適応を示す人たちの中には、愛着に課題がある人が多いという話を聞くこともあるが、太郎さんの場合は、七〇歳近くになってはじめて、その基盤の部分がしっかりと安定したのかもしれない。そういう意味でも、久美さんの支援は重要であり、必要なことだったのだ。

## 11　ぶれない視点

### 本人の希望を大事にする

太郎さんは、ＧＨに入居しながら、ときどき、「サッカー観戦に行きたい」と久美さんにチケットの手配を頼んでいた。観戦にはガイドヘルパーが一緒に行ってくれる。久美さんは、なるべく、太郎さんがしたいことをしてもらいたいと思っているので、太郎さんの金銭を預かっている人に「今月は、あとどのくらい使えますか？」と相談しながら、できるだけ太郎さんの希望をかなえようとしている。

ＧＨに帰ってきてからの太郎さんは、幻聴や振戦とうまく付き合いながら生活をしているように見える。ＧＨでは誰からも、指示されたり、管理されたりすることもなく、久美さんが立てた計画に沿って、太郎さんが求める援助が行われているからだろうか。一度、久美さんに、「何を中心にして計画を立ててるの？」尋ねたことがある。

久美さんは、「もちろん、個別ですから、人によって違いますけど、ぶれない視点ていうのはたしかにありますね。合っているかどうかはわかりませんけど」と言いながら、支援の中心においている思いを教えてくれた。

「まずは、太郎さんの場合だったら、太郎さんがこれまでどんな人生を生きてきたのかをしっかりと聴いて、これからどんな人生を生きていきたいと思っているのかもしっかりと聴いて、それを実現するにはどんな援助が必要なのかを、太郎さんと一緒に考えるっていうことが大事だと思っています。無理なこともあるんですけど、その場合は、なんでそれは無理なんかも一緒に考えます。」

援助者と被援助者の間には、久美さんが言うようにいくら「一緒に考える」と言っても、力関係は必ず存在するので、言葉ではそう言ったとしても、実際は一緒に考えるということには限界があるのではないだろうか。その目には見えない力関係の中で、被援助者の本当の思いを引き出すにはどのように工夫しているのだろうか。

「障害があろうが、なかろうが、私たちと同じところを生きている『生活者』って見ると、私やったら嫌やなとか、職員が言うことはもっともやけど、従われへんなっていうことがあるんが当たり前やと思っているから、最初から『こうした方がいいんとちゃう?』とは言わないようにしています。障害があろうがなかろうが、その人の人生なのに。嫌じゃないですか、正論を振りかざして横からごちゃごちゃ言われるのって。」

久美さんは太郎さんの「一人暮らし」を援助するときも、太郎さんが希望することを大事にして、もし失敗したら、そのときに、どうするかを考えるのが職員の仕事だと思っていたそうだ。福祉の分野だけではないと思うが、かなりこれは厳しい結果になるだろうと予測することも、まずは本人の意思決定を最優先に自分たちがどう動いたらいいのかを考えるという。太郎さんが一人暮らしを希望したときも、多くの援助者が「無理だ」と反対したが、久美さんのこうした思いがそれを実現させていったのだ。太郎さんも一人暮らしの希望が叶ったときにはこう語っていた。

「無理と思ってたけど、久美さんが頑張ってくれたんは知っとる。一人暮らしして、今まで、知らんこと、多かったけど、みんなそんな風に生きてるんやなて思えた。なんか、別世界の出来事みたいに思うけど、普通の生活はいいよな。」

## 後ろから支援する

久美さんの中心にある援助を必要とする人を捉える視点が、太郎さんに「普通の生活」がどのようなものかを体験させ、その生活を営めるようになったことの喜びを感じさせたのだ。久美さんは自分の支援について、こう続けた。

「なんか、支援て、職員が引っ張るもんやなくて、『伴走するものだ』とか言われてますけど、支援するときの『伴走』は当たり前で、むしろ、私はその人の後ろから支援したいと思ってます。まずは、自分で進んでもらうんです。その人の人生やから。なんか、困ったら、いつでも後ろにおるから、ともかく、自分が生きたい方向に進んでみてって思ってます。それに、私は、支援っていう同じ電車には乗るけど、その人に必要がなくなったら、いつでも降りれるようにしとくのも大事やと思ってます。ずっと一緒に乗っていったら、かえってその人の迷惑になりますからね（笑）。」

久美さんは、支援において「伴走」は当たり前で、むしろ、後ろから支援したいと言ったが、これはかなり難しいことだと思う。その人の前に何があるかを常に見ていないと、後ろから支援できるものではないからだ。たぶん、久美さんは援助を必要とする人を全方位から見ていて、「大丈夫」と思うときには後方に下がるのだろう。

先日、太郎さんに会ったときに、「ちょっと、困ったことになった」と言うので、「どうされたんですか?」とその内容を聴くと、「お金が足りなくなって、他の入居者から借りたんやけど、返せんのよ」ということだった。それで、いつまでたっても返金しない太郎さんにお金を貸した人がすごく怒ったようで「はよ、返せ。返すまではこれはもらっとくからな」と、部屋にある備品を持っていかれたという話だった。太郎さんは久美さんに相談したそうだが、「それは、太郎さんがお金を返さないからやから、仕方ないんちゃうと言われた」と言っていた。そこで、久美さんにその話について聴くと、こう言っていた。

「私は入居者同士のいざこざには基本的に介入しないことにしてます。だって、お金を貸したほうにしたら、早く返してもらいたいのは当たり前やし、私が介入することで余計、変になるから、太郎さんには『どうやって返していくかを考えて下さい』て言いました。いろんな利用者がいて、いろんなことをするけど、それは私たちの生活の中でも一緒で、職員が介入して、解決する問題じゃないと思うんで。」

久美さんは、入居者同士のいさかいは、しょっちゅう起こるけれども、よっぽどのことがない限り、本人たちでどうすればいいかを考えてほしいと思うので介入しないと言っていた。そもそも、借金して返済しない太郎さんがしたことのしりぬぐいをすることは支援ではなく、返金するためにはどうしたらよいかを一緒に考えていくことが支援だと思っているからだ。このあたりの久美さんの視点がぶれることはない。とはいえ、私たちは援助者ではあるが、人間でもあるので、双方がそれで不安定になって、沈鬱な空気が立ち込めたりするのを感じると、自分たちが何とかそのいざこざを収めたいと介入することもあるが、久美さんにとっては「それは支援ではない」ということなのだ。結局、太郎さんは毎月の年金の中から、少しずつ返済することにし、相手も納得したので、いざこざは収まった。

## 12　これからのこと

太郎さんは七〇歳近くなり、「長生きはできんやろけど、これからどうしていこうか」を考えるようになっていた。相変わらず、幻聴や振戦は太郎さんを苦しめていたが、その症状のためにどのような生活上の困りごとが生じているのかを、一緒に考えることにした。

**太郎さん**：日によって違うんやけどな、頭の中で、やっぱりいろんな声が聴こえてくるんが、一番、しんどい。イライラしてくる。なんかしよという気にならん。
**私**：それは、イライラしますね。何かしようとする気にならないのは困りますね。たとえば、どんなときにどんな声が聴こえてくるんですか？
**太郎さん**：いらんことばっかり言うてる声かな。音かな。はっきりとはわからんけど、いつも頭の中ががやがやして、うるさい。このおかげでなんもできんのや。

太郎さんは精神科病院で、幻聴を抑える薬を処方されていると言っていたが、薬で抑えることができないほど、強い症状が出ているのだろうか。

**私**：聴こえないときもあるんですか？
**太郎さん**：寝てるときは聴こえんな。聴こえん日もあるからな。どうなってるんやろか。
**私**：日によって違うって言わはりましたけど、聴こえない日は、どんなときか覚えておられますか？
**太郎さん**：サッカーの試合をテレビで観てるときとか、サッカーの観戦に行ってる日は、あんまり聴こえんな。
**私**：今はどうですか？
**太郎さん**：今は……聴こえんな。
**私**：あ……、誰かと話しているときとか、何かに夢中になってるときは聴こえないんかな。あ、特に楽しいときとかは、聴こえなくなるのかな？
**太郎さん**：そうかもしれんな。

太郎さんを若いときから苦しめていた幻聴は、統合失調症の症状なのか、有機溶剤後遺症なのかはわからないが、太郎さんが、誰かと話しているときや、楽しいと感じているときにはあまり聴こえてこないと言っているので、私たちにできることとして、太郎さんと何気ない会話をしたり、太郎さんが楽しいと思う時間を増やしていく援助を試したらどうかと考えた。そこで、「サッカー観戦以外に、何か楽しいと思うようなことはありますか？」と聴くと、「今は、車椅子になったから自由がきかんけど、外に出るのが好きじゃな」と言った。太郎さんが住んでいるGHはビルの三階にあるので、ちょっと近所の公園に行って季節の花を楽しんだり、子どもらが遊んでいる様子を見てみたいと思っても、ガイドヘルパーのヘルプがないと一人ではかなり難しい。

この話を久美さんとGHの職員に話すと、「そんなことはガイヘル（ガイドヘルパー）に来てもらわなくても、他の入居者が仕事に行っている間に、私らでできるからやってみましょうか」という話になった。「幻聴がましになるかどうかはわからんけど、ビルの中におるよりかは、公園でも行ったら気持ちがすっとするやろから、太郎さんと外に出る時間を相談しながらやってみます」とのことだった。

こうして、日中のわずかばかりの時間ではあったが、近所の公園で過ごす太郎さんの姿が見られるようになった。幻聴は相変わらず聴こえているのかもしれないが、太郎さんが久美さんに「部屋で寝てばっかりじゃなくて、共有スペースまで頑張って歩いて、ちょっとほかの利用者ともしゃべってみようかな」と言っていたそうなので、かなり閉鎖的で一人を好む太郎さんが、自分の生活のリズムの中に他者との交流を加えようとしていることを嬉しく思った。

今度、太郎さんに会ったときには、「なんかしようとする気にならはったんですね」と言ってみようと思っている。かなり、重い精神症状を抱えているので、日々の生活はしんどいことも多いと思うが、久美さんをはじめとする太郎さんを取り巻く援助者がいる限り、太郎さんはそのしんどさと向かい合い、そして折り合いをつけながら、前に進んでいくのだろうと思う。自分一人ではどうしようもないと思う状況にいたとしても、今は周りに様々な援助者がいて、その一人ひとりが協働しながら、太郎さんのこれからを拓いていくことになるのだろう。かつて、家庭に恵まれず、孤独感に苛まれ、自暴自棄になったこともあったかもしれないが、これからの人生、自分を大切にしながら、今までできなかったことやしなかったことにも挑戦しながら、人生を楽しんでほしいと思っている。太郎さんはもう一人ではないのだから。

**注**

（1）更生保護施設とは「犯罪をした人や非行のある少年の中には、頼ることのできる人がいなかったり、生活環境に恵まれなかったり、あるいは、本人に社会生活上の問題があるなどの理由で、すぐに自立更生ができない人がいます。更生保護施設は、こうした人たちを一定の期間保護して、その円滑な社会復帰を助け、再犯を防止するという重要な役割を担っています」。（法務省「更生保護施設とは」 https://www.moj.go.jp/hogo1/kouseihogoshinkou/hogo_hogo10-01.html）

（2）生活介護事業所とは、「障害者支援施設その他の以下に掲げる便宜を適切に供与することができる施設において、入浴、排せつ及び食事等の介護、創作的活動又は生産活動の機会の提供その他必要な援助を要する障害者であって、常時介護を要するものにつき、主として昼間において、入浴、排せつ及び食事等の介護、調理、洗濯及び掃除等の家事並びに生活等に関する相談及び助言その他の必要な日常生活上の支援、創作的活動又は生産活動の機会の提供その他の身体機能又は生活能力の向上のために必要な支援を行う」通所型の事業所である。（厚生労働省「障害福祉サービスについて」 https://www.mhlw.go.jp/stf/seisakunitsuite/bunya/hukushi_kaigo/shougaishahukushi/service/naiyou.html）

## 引用文献

山本智子（二〇二一）「当事者の体験世界から」立命館大学ナラティヴ療法論（ゲストスピーカー）

山本智子（二〇二二ａ）「西成でのコミュニティ支援から（コミュニティ支援 in 西成）――相談支援における実践の中で」第一〇回ナラティヴ・コロキウム　シンポジウム：ナラティヴ・コミュニティ

山本智子（二〇二二ｂ）「当事者と社会との絆を結びなおす「ネットワーク」のあり方――西成の基幹相談支援の実践事例から」二〇二一年度おうてもん心理職リカレントセミナー（第一回）

山本智子（二〇二二ｃ）「子どもの育ちを支える――大阪・西成のフィールドから」『臨床心理学』第二二巻第二号、一六三－一六六頁

# 第5章 「消えたい」を乗り越えて

## 1 さちさんと彩加さんとの出会い

### 「母親というのがよくわからない」

さちさん（仮名）は三〇代の女性である。医師からは、双極性障害Ⅱ型[1]と診断されていた。うつの症状が強いため生活の困難が大きく精神障害者保健福祉手帳の二級を取得していた。現在、さちさんは小学校五年生になる彩加さん（仮名）と二人で暮らしている。彩加さんの父親とは籍を入れずに彩加さんを出産し、今はその人とは会うこともないということだった。公的な経済的支援も受けていた。

さちさんとは、彩加さんが当時利用していた児童発達支援センターにある療育相談室で出会った。七年前に、彩加さんの担当職員のみどりさん（仮名）から「少し、気になるお母さんがおら

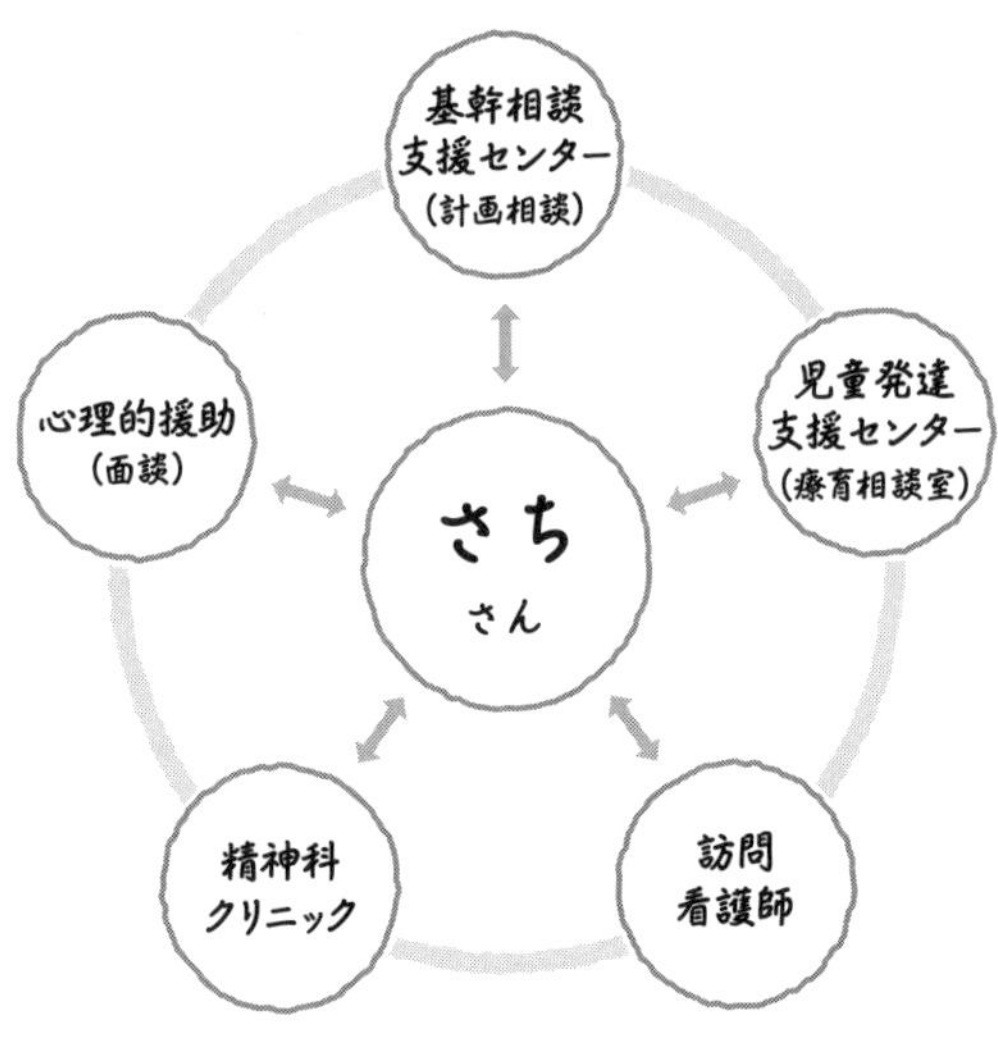


さちさんの支援図

れるので、お話を聴いてもらえませんか」と頼まれたのが始まりである。彩加さんは大阪市の三歳児健診で発達の遅れを指摘され、通所受給者証[2]を使って、児童発達支援のプログラム[3]を利用していた。支援を利用するまでは、地方から引っ越してきたばかりでなじみのない西成で思い通りにならない子どもと自分の病気の症状に振り回され親子心中まで考えたこともあったというが、支援に繋がってからは、少し安定したという話だった。

彩加さんも、プログラムの内容が合ったのか、発達上の大きな課題はなくなっていたようだが、お母さん支援も含めて、引き続き利用していた。児童発達支援センターを引き続き利用していた。いつもはアパートで二人暮らしをしているのだが、母親であるさちさんの状態があま

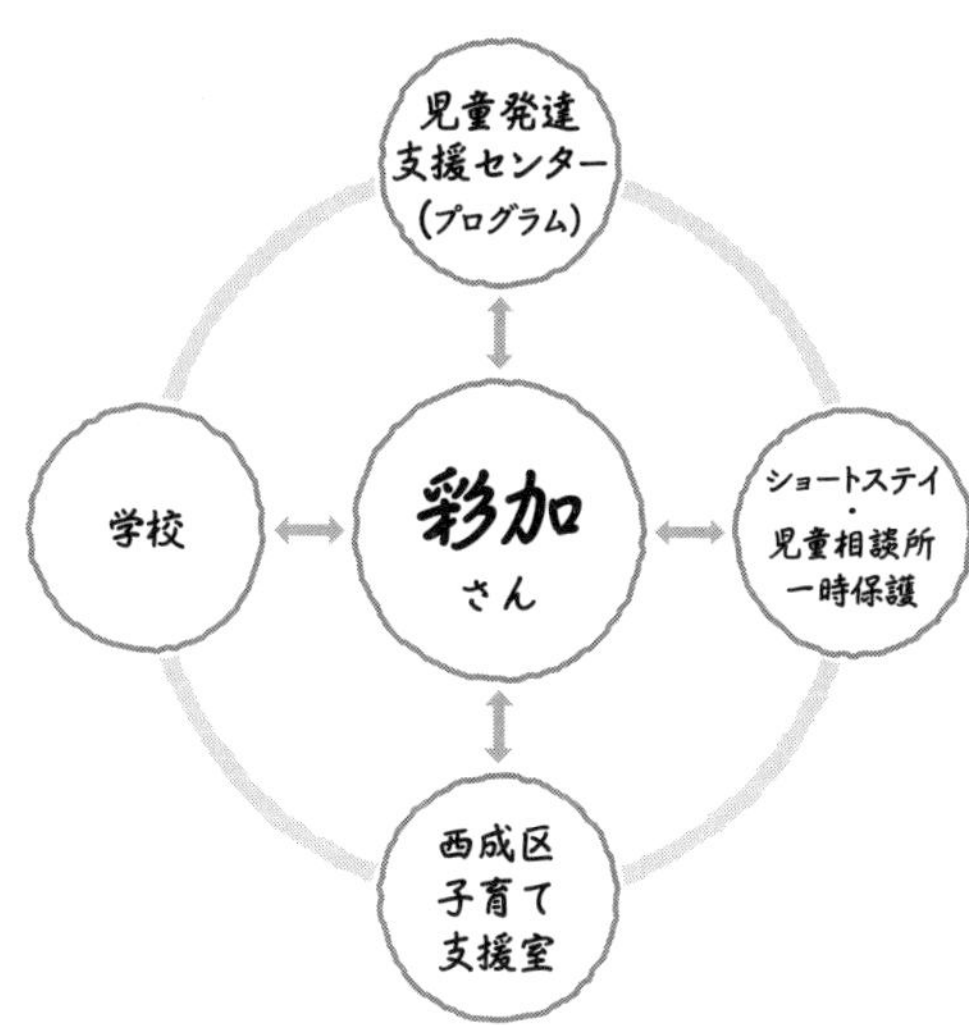


彩加さんの支援図

りに悪いときは、彩加さん自身の情緒も不安定になるので、児童相談所の一時保護やショートステイ[4]を利用していた。当時は、西成区の子育て支援室と児童発達支援センターが連携しながら彩加さんを支えているといった状況だった。

　母親のさちさんには精神障害があったので、すでに別の事業所の計画相談支援を受けていた。その事業所では、通院同行や服薬管理、ヘルパー利用など、さちさんの日々の生活を支える福祉サービスが提供されていた。そのため、私は必要なときにはその事業所と連絡を取りながら、療育相談室の中で彩加さんの母親支援という形で面談を引き受けた。

　はじめて面談に訪れたさちさんは、薬のせいだろうか、ふらふらした状態で、だるそうな感じだった。ずいぶん無理をして来てくれたのだろうと思った。そして、それでも来たいと思ってくれたさちさんが、私に何を語りたいのか、それをしっかりと受け止めなくてはいけないと思っていた。

初めは、彩加さんの発達に関しての相談だったが、彩加さんの発達には取り立てて心配はないことを説明すると少し安心した様子で、「母親というのがよくわからない。これから、彩加とどう接していったらいいかを教えてもらえたら」と言った。何度も面談を重ねる中で、さちさん自身の生い立ちを話してくれるようになり、なぜ、「母親というものがわからない」と語るのかを聴かせてくれた。

### 亡くなった母親

さちさんは両親、兄と姉、そして弟の六人家族の中で育った。ただ、父親が母親の他に親しくしている女性がいたようで、ほとんど家には帰ってこなかったそうだ。さちさんの母親はもともと大人しい性格で、そんな夫に表立って文句を言うこともなく、四人の子どもの成長を楽しみに、ただ淡々と毎日を送っているように見えたという。さちさんはそんな母親がかわいそうに思っていたので、父親がたまに家に帰ってくることがあっても、ほとんど話をすることはなかったそうだ。むしろ、父親が持ち帰る土産を「こんなの、いらん」と父親の顔に投げつけるようなこともした。そうしている内に、やはり、父親と母親の間が上手くいかなくなったのか、さちさんが一〇歳のときに、母親は子ども四人を連れて、すでに過疎化が進んでいるような山奥にある実家の離れを借りて住むことになった。兄が一四歳、姉が一三歳、弟は八歳だった。

実家に戻ったものの、祖父母はすでに隠居し、母親の兄である叔父が後を継いでいたので肩身も狭く、決して、居心地が良いとはいえないが、そこしか行くところはなかった。叔父はアルコールが入ると、出戻ってきた母親をさちさんたちの前で罵ったり、殴ったりしたそうだ。殴られて歯を折られた母親の口から血がだらだらと流れ、それでも、何も言わず耐える母親の姿が今も心の中から消えることはないという。実家は牧場を営んでいたので、さちさんの母親だけではなく、子どもたちも朝早くからその手伝いをしていた。夜はみんなでその地方特有の名産品を作るという内職もしていた。お兄さんは頭が良かったそうだが、高校に進学することを諦めて、牧場を手伝っていたそうだ。

そんなある日、兄が大きな沼で水浴びをしていて溺れて亡くなってしまった。近所の人たちは、「街育ちだから、ここらあたりの沼が怖いのを知らんかったんじゃな」と悔やんでくれたが、一緒に沼に水浴びに行った弟から、「兄ちゃん、どんどん、どんどん、奥へ奥へと泳いでいって、見えんようになった」と聞き、兄は自分で死んだのではないかと思った。「こんな生活に絶望したんやろな」と思うと切なかったという。

兄が亡くなってから、しばらくたって、今度は、母親がおかしくなった。訳のわからないことを言いだしたり、あれほど大人しかった母親から、罵声や怒鳴り声を聞くことが多くなってきたそうだ。ものを投げて暴れたり、刃物を持ち出すこともあった。さちさんはそんな母親の姿に驚き、そして怖かった。叔父もそれに気がついたようで、「病院に行った方がいいんじゃないんか」と言うようになってきた。母親はそんな叔父にも汚い言葉で言い返し、殴り掛かっていくようなこともあったそうだ。

この頃のことを思い出すだけで、今でも身体が震えるほどの恐怖と不安がさちさんを襲う。そうこうしている内に、母親が崖から飛び降りるということがあり、命は助かったものの、精神科病院に入院することになったそうだ。統合失調症と診断されたという。さちさんが一四歳のときのことであった。それ以来、昔のような家族ではなくなったという。退院してきても、すぐに調子を崩し、再入院を繰り返していた。高校を卒業して働いていた姉は結婚をして家を出た。弟も仕事が決まり家を出ることになった。そして、さちさんも叔父の家を出て母親を引き取ろうとしていた矢先に母親も亡くなってしまった。何度目かの退院の帰りに、ビルから飛び降りたのだ。

**さちさん**：母親はすごくかわいがってくれたし、子どもを大事にする人だったけど、結局、最後は自分のことしか考えていなかったと思っています。

**私**：……そうやねぇ。子どもからしたら、置いて逝かれたて、思うよね。それはそう。それは本当にそうだと思う。ただ……お母さん、さちさんと弟さんが自分の生活を立てられるようになるまで待っててくれたんかなって、話を聴いて、そう思いました。

**さちさん**：あ……、もし、そうなら……、なんか、居たたまれない思いになる。お母さん、おかしくなっていたけど、そんなこと考えていたとしたら、かわいそうすぎる。

**私**：私には、さちさんのお母さんの思いはわからないけど、亡くなった時期を考えると、そんな気がします。

さちさんは、私の話を聴いて涙を流した。私も、私の勝手な想像だとは思いながら、今はいないさちさんのお母さんに、心の中で「頑張ってこられましたね」と声を掛けた。

## 「お母さんて何かな」

「お母さんて何かなて。私はお母さんができてるんかなて、いつも思う。なんか、彩加は私じゃなくてほかの人がお母さんやったら、なんぼか幸せなんちゃうかと思うと、……消えたくなるんです。」

さちさんは、彩加さんを産む前に、何度も自殺未遂をしている。母親が亡くなってから精神を病み、心療内科に通っていたときの話である。急に、空しさに襲われることがあり、生きていることがしんどくなった。その度に、病院からもらった向精神薬を多量に服用したり、電車に飛び込もうとしたり、車の前に飛び出したり、ビルから飛び降りようとしたりしたそうだが、その度にその当時付き合っていた男性や通りすがりの人たちに助けられて、命を繋ぐことができていた。

「自殺未遂の話は、今、支援を受けているところには、お話ししてる？」と聞くと、「過去のことは、言っています。でも、今もまだ消えたいと思っていることは言ってません」と答えた。「今もまだ、そういう気持ちが消えていないことを、計画相談の職員さんに話せる？　私から言おうか？」と言うと、「それとなくは言ってるので、山本さんから言ってもらっても大丈夫です」と言った。早い方がいいと思ったので、すぐにさちさんの計画相談の担当者である麻美さん（仮名）に連絡し、この話をした。さちさんの計画相談の担当の職員は、私と同年代の女性で、さちさんの聴き取りからそれはわかっていたようで、「大丈夫です。さちさんがその気持ちから解放されるように、お互い、連絡を取り合いながら、援助しましょう」と言ってくれたので安心した。

面談の中でさちさんが気にしていた「お母さんて何かな」という言葉に対して、私は、「さちさんにとって『お母さん』てどんなイメージ？」と反対に聴いてみた。

**さちさん**：う～ん。友達のお母さんの話を聞くと、いろいろやなとは思います。私から見たら、こんなお母さんもいるんやみたいな人もいるけど、でも、やっぱり、優しくて、元気で、子どもが学校から帰ってきたら「おかえり」て迎えてやって、学校で嫌なことがあったら、うんうんて、話聴いてやって、何かあったら、いつでも味方でおってやって……そんな感じがお母さんなんかな。ちょっとわからないけど。
**私**：あ〜、なるほど。そういうお母さんがいたらいいね。さちさんは、さちさんが思う「お母さん」とはちょっと違うの？
**さちさん**：まったく違う。自分が自分のことで精いっぱいやから、そんなことしてやってないと思うし、そこが申し訳なく思っているところ。

さちさんが言うには、自分自身の福祉サービスを使ってはいるのだけれど、調子が悪いときには、彩加さんが学校に行く時間にも起きてやることができず、彩加さんが学校から帰っても、布団の中で「おかえり」としか言ってやれないことを申し訳ない思いがすると語っていた。何とか、夕ご飯は作るようにしているそうだが、それもままならない日もあるということだった。

**私**：しんどくても「おかえり」って言ってやるんやね。お母さんやん。
**さちさん**：それくらいは。でも、彩加が、学校のことを何か言おうとしても、気分のいいときには聴いてやれるけど、そうじゃないときには、かわいそうやなと思うけど「ごめんね。しんどいからちょっと一人にさせてくれる？」て言ったりもしますよ。
**私**：お母さんも、いつも気分の良いときだけじゃないもんね。それで、いいんじゃないかな。子どもがうっとうしいこともあるのが、「お母さん」じゃない？　そんなこと思わないお母さんにはまだ会ったことがないわ。でも、さちさん、「かわいそう」て思うこと自体が、お母さんしてると思うよ。私も子どもが小さいときにはいっぱいあったよ、そういうこと。「忙しいからあっち行きなさい」「今、無理！」とか（笑）。

さちさんは私の言葉を聴いて、少し安心したような顔をした。そして、「私は、一四（歳）から、まともに母親と暮らしていないから、どんなんが『お母さん』なんかわからないんです。これでいいんかとか、こんなんは母親としてあかんのじゃないかとか、そんなことを考えたらしんどくなるんです」と言った。私はそれを聴いて「そやね、『お母さん』がいなかったり、いたとしても、病気やったり、仕事が忙しかったりして、子どものお弁当を作ってやれないとか、朝ご飯を作ってやれないとか、子どものことに構ってる余裕のないお母さんもいてるけど、でも、それでも、『お母さん』なんよね。さちさんは彩加ちゃんの『お母さん』なのよね、紛れもなく」と言った。さちさんは「そうなんですかね。彩加はどう思ってるんか。いつも寝ていて、ご飯も出来合いのときもあって、よそのお母さんとはちょっと違うなあと思ってるんじゃないかな」と言うので、「彩加さん、センターでいつも『お母さん、大好きやねん！』って言ってるのを知ってる？」と聞いた。さちさんは「そうなんですか？　あ……嬉しいなあ。でも、う～ん。無理して言ってるんじゃないかな」と寂しそうに答えた。

さちさんは援助者の中では、子どもへの愛情が強い母親だと捉えられていた。自分がいくらしんどくても、彩加さんに関する面談や支援会議には必ず出席していた。職員の中では「お母さん、しんどそうやけど、彩加ちゃんのことになると、自分の体調は二の次で、必死に来てくれるよね」と評判になっているほど、子ども思いのお母さんだった。それなのに、自分ではそう思えず、自分が母親ではない方が彩加さんは幸せなのではないかと考え、「消えてしまいたい」という衝動と闘っていたのだ。さちさんとの面談の中では、お母さんとして、双極性障害という病を抱えながら身体も心もしんどいときがあるだろうが、それでも、お母さんとして、十分頑張っている自分に気づき、「これでいいんだ」と思ってもらえるような援助をしたいと考えていた。彩加さんにさちさんと同じような哀しい思いは、絶対にさせてはいけないと思っていた。

## 2 「お母さん」を語り合う

### 当時のお母さんの思い

「はじめに」で書いたように、私自身も早くに母親を亡くしている。それも、思春期・青年期特有の反抗期の真っ最中だったので、優しい言葉を掛けてやることもなく、ずいぶんと酷いことも言ったし、距離を取ろうともしていた。そして、私を生んでから病気がちだった母親に「もっと、健康なお母さんやったら、私がこんなに苦労もしなかったのに」と母親を責める言葉もたくさん言ったと思う。でも、そう口では言いながらも、母親のことは常に気になり、ほかの健康な母親とは違ってても、よくしてもらったこともたくさんあったし、愛されているとは感じていたので、悪態をつきながらも、やはり「自分のお母さんなのだ」と心の中では慕っていたと思う。そんな話をさちさんにもした。

**さちさん**：そうだったんですね。いろいろですね。私だけじゃないんや。

**私**：そうやね。あんまり、よその家の中はわからないから、どうしても、自分がもってるイメージに縛られることはあるよね。でも、お母さんと言えども、人間なんやから、そういうとこがあって、当たり前なんやろうけどね。家族を信用しているから、そんな姿を見せることもできるんじゃないかな。

**さちさん**：……うちの母親はずっと我慢してて。たぶん。子どもが四人もいてたから、自分ていうのをずっと殺して生きてきたんかなて、今になったらそう思うことがあるかな。もっと、私みたいに、しんどいときにはしんどいって我儘も言ってくれたら良かったのに。

**私**：時代もあるんじゃないかな。それに、田舎だった？　お母さんの実家って。

**さちさん**：そうですね。すごい山奥。いまだに昭和が続いているような。昔の考え方がずっと続いているような、そんなところですね。

**私**：だったら、なかなか、しんどいなんて言えないかもしれないね。でも、お母さんは、そんなことがわかってるのに、思い切って、家を出て、実家に戻られたんやね。すごい決断やったんやね。

**さちさん**：たぶん、そのときは、あれ以上、父親と一緒にいたら、子どもらに悪い影響が出ると思ったんでしょうね。父親は離婚して、すぐに再婚したと聞いたので、夫婦関係も破綻してたから、早かれ遅かれ、そうなってたんやと思います。でも、子どもを抱えて、一人で育てていくこともできひんと考えたんか、まだ祖父母が生きてたんで、そこに帰ろうと思ったんかな。祖母とは仲が良かったから。でも、帰ったものの、でしたね。今なら、保護（生活保護）や児童手当をもらって、何とか一人でも育てることができたと思うけど、時代なんですかね。

さちさんは、そう語りながらも苦しそうだった。その当時の話をするのは、まだ早かったかもしれないと思ったので、「今」や「これから」のことに話題を変えた。

## いろいろな「お母さん」

**私**：そうね、お母さんて、本当にいろいろで。私は発達障害がある子どものお母さんたちに面接調査をずっとさしてもらってて、まあ、そこには、さちさんと同じように私自身が「お母さんて何？　どんなん？」ていうのを知りたかったのもあったのかもしれないけど、お母さん方の話をいっぱい聴いて、「私、これでいいんや」て思わせてもらったとこ、あるよ。

**さちさん**：そうなんですか？　どんな話を聴いて、そう思ったんですか？

私は、自分の面接調査の中で、母親の子どもへの思いをたくさん聴かせてもらったので、差しさわりがない範囲でその話をした。障害がある子どもの母親は、子どもの障害を「自分のせいじゃないか」とか、どうしても怒ってしまう自分に対して「今の自分の関わりは子どもを苦しめているんじゃないか」「思わず叩いてしまったけどあかんかった」などと語り、お母さん自身が、うつ状態になっている人も少なくはなかったけれど、それでも、子どものこれからのことを必死で考えて、自分はどうなってもいいから、子どもだけは幸せになってもらいたいという語りが多かった。とはいえ、実際に、子どもと一緒にいるときには、「もう、うるさい」「なんや、お前は！」「いい加減にしとかんと、えらい目にあうよ」などと、子どもを叱り、ときにはパチンと叩くこともあった。そんなとき、お母さんたちは「かわいいねんけどな。こっちもしんどいときあるしな。まあ、えっか。かわいいことには違いないねんから、（子どもからは）許してもらおうか」と言うので、「パチンはあかんよ」と言って笑い合うこともあった。

私と会っているときの母親はいつも明るく振舞ってくれていたが、実際は、精神科からもらった薬を飲みながら子育てをしている母親もいたので、内面の悩みは深かったと思う。調査をしているうちに、ある母親から、「障害がある子どもの親の自助会は、メンタルを保つのに助かった」

かと聞いてみた。

という話を聞いていたので、さちさんにそういった自助会があるけれども、参加したことはある

**さちさん**：西成にもそういう会があって、いろんなイベントに子どもを連れて参加している、ていうのは聞いたことがありますけど、私はなかなか外に出ることができないから、まだ行ったことはないです。

**私**：そうなんやね。そしたら、もし、行ってみようかなっていう気持ちになったら、さちさんの担当の麻美さんと、彩加さんの担当のみどりさんにはその話をしておくから、聞いてみて。

**さちさん**：……はい。

さちさんはまったく乗り気ではなかったし、私も少し強引かなとは思ったが、西成に来てから、他の母親との交流もまったくないと聞いていたので、もし、さちさんがその気になってくれたら、いろいろな「お母さん」に出会い、さちさんの中にあるイメージも少し変わるのではないかと期待していた。

この話をして三ヶ月くらいたった頃、みどりさんから「彩加ちゃんのお母さんが、彩加ちゃんと一緒に、地域の障害がある子どもの親との交流会に行きたいって言ってくれたので、私も一緒

に行くことにしました」と聞いた。さらに「麻美さんからも同行しようかと言ってもらったんですけど、今回は、障害がある子どもの親の交流会なんで、とりあえず、私が同行して、さちさんの様子を報告することにしました」と言った。私は「さちさんの中で、一歩、進もうとしているんだな」と思い、嬉しかった。

## 3 「消えたい気持ち」の所在

障害がある子どもの親の交流会に参加するようになり、さちさんの様子が少し変わってきたように感じていた。交流会に参加している母親のほとんどが、さちさんと同じようなシングルマザーだということに、まず驚いたらしい。そして、何より「逞しい」と思ったそうだ。「私より、一〇（歳）ほど若いお母さんでも度胸が決まってるいうか。あんまり、何にも考えずに（たぶん、重荷に感じずにという意味だと私は受け取った）子育てしているのを見て、すごいなと思いました」と言っていた。

**私**：行って良かった？

**さちさん**：それは良かったです。（交流会は）定期的にあるみたいなんですけど、私はそのときの体調で行ったり、行けなかったりがあるんで、あんまり行けてないけど、すごい、カルチャーショックを受けてます。

**私**：カルチャーショック？（笑） どんなの？

**さちさん**：いろんな境遇の人もいてて。私は自分が一番、不幸だと思い込んできたけど、もっと大変な話をいっぱい聴いて、それでも、メンタルやられずに、元気やなあと驚きました。子どもにも割と適当っていうか、自然というか。

**私**：良かったよね。子どもへの関わり、適当？（笑） でも、さちさん、それを自然って感じた？ そうなんよね。自然なんよね、それが、きっと「お母さん」なんやわ。適当でいいんやわ、きっと。

**さちさん**：そうですね（笑）。行って良かったと思います、本当に。

さちさんは、障害がある子どもの親の交流会で、親しくなった母親がいるという話をしてくれた。その母親もシングルマザーだったそうだ。そして、乳児の頃に親が養育できなかったので児童養護施設で育ったという話だった。「その人も、『お母さん』が何かってわからないままに、子育てをしてるんやなと思って。子どもの障害も重たいみたいで大変なのに、私とは違って、なんであんなに元気なんやろうて」と不思議そうに語った。

さちさんは「自分が一番不幸だと思い込んできた」と語っていたが、私は、人が感じる「幸せ」や「不幸」はかなり主観的なものなので、その人が自分の過去の境遇や今置かれている状況をどう捉えるかで、感じ方はかなり異なるものだと考えている。たとえ、他者から見るとそうは思えなかったとしても、その人が自分を「幸せだ」と感じるならば、それは「幸せ」に違いないし、さちさんが、自分は「不幸だ」と語るのであれば、さちさんはまぎれもなく「不幸」の中にいるのだ。だから、「そんなことはないよ」とか「ほかの人に比べると幸せだよ」と言ったところで、さちさんが自分の主観的な「不幸」を、主観的な「幸せ」に書き換えない限り、それは意味がないことなのだ。さちさんが「自分は不幸だ」と語るその意味を聴きたいと思っていた。

**私**：交流会に行って、いろんなお母さんと話をして、少し、気持ちは楽になった？　でも、なんで、「自分が一番不幸せ」って思い込んでたの？

**さちさん**：気持ちは少し楽になりました。いろんな人がいて、それでも元気に頑張ってるのを見て、私も頑張らんと、という気持ちにはなりました。「不幸せ」っていうのは……、やっぱり、小さい頃のことがまだ恐怖として残ってるし、それで、今みたいな病気になったというのが大きいですね。普通の家で育っていたら、兄も母も死なずに済んだんかなと思ったり、自分も病気になることはなかったんかなあと。普通の人が経験しないような怖いことがいっぱいあったいうのは、やっぱり不幸ですよね。

**私**：そうやね。怖かったよね。なじみのない田舎で、次々に大切な人がいなくなって、心細かったやろうし、小さな子どもがよく頑張ってきたよね。

**さちさん**：……頑張ってきたんでしょうか。

**私**：私はそう思うよ。よく頑張ってきたなあと思う。

**さちさん**：でも、私は、家族を守れなかったっていう罪悪感がずっとあって、それを思うと、消えたくなるんです。私なんか、生きていたらあかんのじゃないかとか。気分が落ちているときには、ずっとそんなことを考えてます。

家族を守れなかったという罪悪感がずっとあって、そのせいで自分自身が消えてしまいたくなるとさちさんは言ったが、当時、まだ小さなさちさんに何ができただろうか。これは、自死家族が、「なぜ、気がつかなかったのだろう」「自分に何かできることはなかったのか」などと苦しみ、そのために、本来は抱えなくてもいいかもしれない罪悪感を抱えてしまうという話と重なる。だから、さちさんも同じように苦しんでいることはわかった。しかし、さちさんにとって少し厳しい言い方になるかもしれないと思いながらも「でも、もし、今、さちさんが消えたら、彩加ちゃんが同じような思いに苦しむことになるかもしれないね」と言った。さちさんは、「それがわかっているから、頑張っているんです」と答えた。それを聴いて、「だから、頑張ってるんやね。さちさんは立派な『お母さん』やんか」と言うと、さちさんは何も言わず涙を流した。

## 4　自分の思いが少しだけ言えた

### 遠慮し合う親子関係

さちさんは彩加さんに対して、大声で叱ったり、叩いたりなどの行為を決してしなかった。いくら彩加さんが我儘なことを言っても、怒ったりはせず、「○○だから、○○はできないのよ。だから理解してほしい」などと、きちんと理由を言いながら、諭していた。みどりさんや私はその現場に遭遇することもあり、そのたびに、「さちさんが言ってることはもっともなんやけど、ちょっと子どもには難しいかもしれんから、もう少し簡単に短い言葉で言ってみたら？」とアドバイスしていたが、「私は理由もわからないことで叱られたりするのは嫌だし、そのことで彩加を傷つけて、何かあったら取り返しがつかないから、ちゃんと話してやりたいんです」と自分のやり方を崩さなかった。さちさんの心の中には、自分が何かしたり、言ったりしたことで、彩加さんを傷つけ失うことがあれば取り返しがつかないという恐怖があったのだ。それは、さちさんが、自分の兄や母との経験を、彩加さんとの関係の中に持ち込み、それらをまるで重なり合わせているように見えた。

担当のみどりさんは「さちさんは他のお母さんと違って、子どもに遠慮しているというか。私からみたら水臭い。だから、彩加さんも、こだわりの強いところはあるけど、普通の子どもみたいにお母さんを困らせるようなことはあんまりしないし、お互いが遠慮し合って、言いたいことも言えないような親子関係のような気がします」と言っていた。みどりさんと同じことを、私も感じていた。さちさんの計画相談支援を担当している麻美さんも「さちさんは、あんまり要求がないですね。こちらが言うことは何でも受け入れてくれるので、無理なことを言っていないかどうかを、いつもチェックしておかなくてはいけないと思っています」と言っていた。

彩加さんとの関係においては、よりその傾向が強くなっていた。その理由として、かつてさちさんが語ってくれたことから考えると、さちさんが、彩加さんに何か嫌な思いがするようなことをしたり、言ったりすることによって、大事な彩加さんを傷つけ損なったらどうしようと思う恐怖が大きかったのだろうと思う。「私は病気もあるから、一度言い出したら、感情のセーブができなくなるかもしれない。それが怖いからあんまり関わらない方が彩加のためになるんじゃないかと思っている」と言っていたときがあったからだ。

彩加さんは「いい子」ではあったが、まだ小学生なので、聞き分けのないことを言ったり、ぐずることもあった。そういうときにはさちさんもイライラしたと思う。しかし、さちさんは、たとえ大きな声で怒りたいときでも自分を抑えていた。しかし、その我慢が限界を超えるとしんどくなってしまい、「いっそ消えてしまいたい」と思う感情を生じさせていたのかもしれない。

**私**：さちさんは、少し我慢をし過ぎてるとこがあるかもしれないね。もっと、自分が言いたいこと言っても、それがその人を思う言葉だったら、その人を傷つけたり、損なったりすることなんかないんやから。自信をもってやってごらん。交流会のお母さんたちはどうだった？

**さちさん**：すごかったです。あんなこと、子どもに言って大丈夫なんかなとハラハラするようなこともありました。

**私**：それで、子どもはどうやった？

**さちさん**：お互い、言い合って終わり。帰り際には手を繋いで、何もなかったみたいに笑いながら帰っていましたね、そういえば。私はあんな風にはできないとは思いますけど、いいなとは思いました。

**「今日は無理やねん」**

ある日、みどりさんが、「嬉しいことあったんですよね」と言うので、何かと思うと、「彩加さんのご飯に振り回されなかったみたいです」と言った。彩加さんは、食事のこだわりが強かったので、「今日はこれを食べる」と決めると、それ以外のメニューは受け付けなかった。さちさんもそのことについては面談の中でどうしたらいいのかを悩んでいたが、「食べさせないといけないから」と彩加さんの希望するメニューを出すようにしたり、身体がしんどくて動けないときでも無理をして、外食に連れ出すようにしていた。みどりさんが言うには、その日は、彩加さんがファーストフードのハンバーガーを食べると決めたそうだが、さちさんが外に出られないほどしんどかったそうで、「お母さんは起き上がれないから、今日は家にあるものを食べてちょうだい」と言い、それに彩加さんがパニックを起こしたということだった。いつもは、大声で泣くと、なんとかさちさんが無理をすることを知っているので、そうしたみたいだが、その日のさちさんは動かなかった。「今日は無理やねん」と言って、冷凍庫にあるレトルト食品を温めてテーブルの上に置き、「これを食べて。これを食べないと今日のご飯はない」と言ったそうだ。布団の中で、彩加さんが泣き叫ぶ声を聞いていたそうだが、「こんなときもあるわ」と思いながら、そのまま寝てしまったらしい。

この話を聴いて、さちさんはずいぶん頑張ったなあと思った。さちさんは子どもにご飯を食べさせることが、唯一、母親としての自分を感じさせると言っていたからだ。「私は、『母親』がどんなんかはわからないけど、子どもにご飯だけは食べさせないといけないと思っています。私の母親もおかしくなってからはできないことも増えたけど、その前はどんなに疲れていても、ご飯は作ってくれていたんです。そこだけです。『母親』がすることだと知っているところは」と言っていたさちさんが、彩加さんは決めたもの以外食べないことを知っていてもその日は自分の体調を優先できたのだ。その後にあった面談でこんな話を聴かせてくれた。

**私**：みどりさんから、少し聴いたのだけど、ちょっと頑張ったんやて？　ご飯。

**さちさん**：頑張ったっていうか。やっぱり、罪悪感、ありましたよ。悪いなて。
**私**：で、結局、彩加ちゃんは、さちさんが用意したものを食べたの？
**さちさん**：食べてなかったですね。私は楽でふらふらやったんで、そのまま寝てしまって。明け方に起きたときには、彩加はそのまま服も着替えんで、私の布団の中で寝てました。
**私**：いいやん。一食くらい食べなくても大丈夫やわ。でも、よっぽど、しんどかったんやね？
**さちさん**：いつもは、そんだけしんどくても、何とか起き上がって、ふらふらでも（ファーストフード店に）行ってたと思うんですよ。でも、もういいかと思って。
**私**：もう、いいよ（笑）。しんどいときはしんどいねんから。彩加ちゃんはなんて？
**さちさん**：起きて「あ〜、寝てしもうた。お腹すいたぁ」て。少し調子も戻っていたんでウインナーを焼いてやると、「美味しいなあ」て、それを食べてご機嫌で学校に行きました。

**「お母さん」の枠から少し飛び出す**

さちさんが言うには、自分がこう考えることができたのは三人の子どもを育てたみどりさんや私の子育て体験の中の「いい加減さ」を聴いたり、交流会で出会った母親たちから、「母親が倒れたら、子どもは終わりやからな。しんどいときには『できない』て、うちらを中心に考えなあかん」という話をしてもらったことが大きかったそうだ。さちさんは、いろいろな「お母さん」

から、いろいろな「お母さん」を教えてもらって、自分を縛っていた枠から少し飛び出してみようと思い始めたのではないかと思った。

「彩加ちゃん、案外、何とも思ってないっていうのがわかって良かったんじゃない」と言うと、「ほんまですね」と笑ったので、「ほんまよ。それは本当にそう。○○しなくちゃいけないとか、ご飯を作らないと母親じゃないとか、そんなことは些末なことで。お母さんが元気で、笑っていて、幸せやなって思っていたら、『なんやねん。ちっとも家のこともせんで』て言うかもしれないけど、子どもも嬉しいものやと思うよ」と言った。

これは私自身の経験からもそう思えたことだった。私もどちらかと言えば、さちさんのように、母親として○○をしなくてはならないとか、○○は母親らしくないとか、かなり忙しかったのに、そういうことに縛られているから疲れ果て、結局、母親の役目と考えていることはやることはやるのだけれど、かなり不機嫌な顔で二人の子どもを育ててきたときもあったように思う。それが、子どもが成人して、いよいよ独立していこうとするときに、「忙しい中で一生懸命育ててくれたのは感謝しているけど、なんか、お母さん、子育てで大事にせなあかんことが、若干ずれていたことあったよね（笑）」と言われ、「もっと早くに言ってくれれば、もっと気楽に親子関係を楽しめたのに」と後悔したことがある。しかし、これは子育て援助をするうえで、とても大事なことを教えてもらったと感謝している。

たとえば、部屋の掃除ができていなかったり、出来合いのお惣菜をテーブルに並べたりしていても、母親が笑っている方が、子どもは嬉しいのだと思う。母親は子どもの生命維持装置の役割だけを担っているわけではないのだから、「どんなに疲れていてもご飯だけは食べさせなくては」と無理をしたあげくに、機嫌がどんどん悪くなり、その結果、どんなごちそうを並べたとしても子どもは美味しく感じないだろう。こんな個人の失敗談もさちさんにするようにしていた。さちさんの子育てはこれからも続く。子育ての中で「大事にせなあかんこと」を考え、母親としてだけではなくさちさん自身の存在も大切にしていってくれたら嬉しいと思っていた。

## 5　自分を赦すということ

### お母さんにしてあげたいこと

さちさんは支援の輪の中でずいぶんと元気そうにはなっていったが、それでも、大きく調子を崩すことが年に数回はあった。自殺念慮が強くなり、（医療保護入院ギリギリの）入院になったりすることもあったので、その間、彩加さんは近くにあるショートステイを利用していた。このショートステイは家庭的な雰囲気のところで、スタッフもさちさんの事情をよく理解してくれていた。そのため、さちさんが安心して治療ができるようにショートステイを利用している間の彩加さんの様子を日誌に書いて、面会に行く麻美さんに渡し、入院中のさちさんの元に届くようにしてくれていた。そして、彩加さんが不安にならないようにと、彩加さんへの対応にも配慮してくれた。さちさんは「ここがあるから安心して入院もできる」と感謝していた。

退院してからの面談で、さちさんとはこんな話をした。

**私**：入院してたんやね。ちょっとしんどかったの？

**さちさん**：いつものです。大丈夫かなあと思ってたら、また出ました。実際にはやってませんけど。

さちさんが、「また出ました」というのは、また自殺念慮に襲われたということだ。さちさんは、自殺未遂を繰り返した過去があったが、彩加さんが生まれてからは、そういう思いになったとしても、実際に行動に移すことはなかった。ただ、心の底に、常にそういった誘惑があり、過去と同じような行為に至ることを心配していた。さちさんの母親ともしかしたら兄までもが自死してしまったという苦しみから、まだ逃れることができていないからだろうか。

**私**：どういうときにそんな思いになるの？

**さちさん**：どうなんですかね。癖みたいなものなので、どういうときというのは自分でもわからないけど、身体がしんどくて何もしてやれないときとか、彩加が我慢しているのを見るとか、私がおらん方が彩加はもっと楽なんじゃないかとか思うと、しんどくなるんかな。

**私**：あ、「自分のせいで」って思うの？　おらん方がいいって？

**さちさん**：そうですね。

**私**：それはどうなんやろね。さちさんのお母さんも亡くなる前には病気になられていて、さちさんもそのことで我慢したことや大変だったこともたくさんあったとは思うのだけど、お母さんのせいでとかおらん方がいいって思っていた？

**さちさん**：それは……おかしくても、生きていてほしかったですね。それはやはり。ただ、自分に何かできることはなかったのかなっていう思いはあります。

彩加さんに対しての「自分は母親らしいことができていないのではないか」「自分がいない方が彩加は楽なのではないか」という思いがさちさんを苦しめていたが、同じように、母親の死に関しても「何かできることはなかったのか」と自分を責めていた。

**私**：お母さんが最初に病気になられたのはいくつのときだったっけ？

**さちさん**：母親が入院したのは一四（歳）のときですけど、その前からおかしくなっていたんで、いつ病気になったのかっていうのははっきりとはわからないです。

**私**：そうやったね。一四歳。大人に近づいているとはいえども、まだまだ、子どもやもん。何をしてあげたら良かったかなんてわからなくて当たり前。そう、当たり前。

**さちさん**：……。

**私**：じゃあ、今ね、その一四歳に戻れるとしたら、お母さんに何がしてあげたい？

**さちさん**：何をしてあげるというのはわからないですけど。そんな病気の人間を家で抱えるっていうのは、それはすごく大変なんです。ある意味、地獄です。だから、私、やっぱり、怖いのが先に立って、私に何か言おうとしていたのかそれはわかりませんけど、訳のわからないことを叫びながら近づいてきたら突き飛ばすとか酷いこともしましたし、邪険にしたり、退院して帰ってきても、口もきかないとかそんなのがありましたね。だから、してあげたいというよりも、そういうことをしないでおきたいです。

さちさんの話を聴いて、叔父が近くに住んでいるとはいえ、医療の手も借りているとはいえ、子どもだけで統合失調症の陽性症状を示す母親と暮らすことは、さちさんの言葉を借りると「ある意味、地獄」だったのかもしれない。包丁やハサミを取り出し、さちさんたちに向かってくる母親が恐ろしく、突き飛ばしたり邪険な態度を取ったりしたとしても、それは一四歳の子どもには無理のないことだと思う。さちさんはよく頑張ってきたと思ったし、そのことで自分を責めないでほしかった。

**さちさん**：だから、今、そのときに戻れるなら、何もできないかもしれないけど、優しい言葉だけは掛けてやりたいと思います。

**私**：そうなんやね。どんな言葉、掛けてあげる？

**さちさん**：……「しんどいね」とか、「病気治ったら、また一緒に暮らせるから頑張ろう」とか、ですかね。それと、……「私は大丈夫」いうことを言ってやりたいです。おかしくても、子どもらのことは気に掛かっていたと思うから。「そんなお母さんでも大好きだから大丈夫」ということを言ってやりたいです。

**私**：大好きやったんやね。だから、余計しんどかったんやね。でも、お母さん、喜んではるよ、きっと。それに、そんな思いは伝わっていたんじゃないかな。思ってなかったら今も言えないと思うし。

**さちさん**：そうですね。それに……今の私みたいに、いろんな人が支えてくれるようなシステムがあったら、母親は死なずに済んだのかなとも思うから、そのとき、人に相談できたら良かったなとも思います。でも……そんなシステムがあったのかどうかもわからなかったし、田舎やったし。

## 「どうしたら死なずに済みますか？」

さちさんが言うように母親を取り巻く援助の輪があれば、もしかしたらさちさんの母親は亡くならずに済んだかもしれないし、さちさんたちの生活も違ったものになっていたかと思うと、悔しく、そして残念な思いになった。しかし、今でも、当時のさちさんの母親のように、援助の輪から零れ落ちている人がいないとは言えない。家族だけで精神障害がある人を支え、追い詰められている患者や家族もいるのだ。さちさんの母親のように、死を選ぶ人もいないとは言えない。

この自死に関しては、様々な考え方があるだろうが、たとえ、もう死んでしまいたいと思う人がいて、死はその人が自由に選択できる最後の意思だから誰もがそこに介入する権利はないと言われても、私はできたらその人たちに生きていてほしいと思っている。「死にたい」「死のう」と思っている人がいたとしても、まだその人と一緒に生きている私たちにできることが何かあると思うからである。

精神障害がある人の援助をしている中で、この「死」という言葉が出てこないことはない。彼らは、自分の病気や生活に絶望したり、どこにも助けを求められないと思ったりしたときに、「死にたい」という言葉を使うような気がする。センターの職員からは「本当に死ぬ人は、言葉に出して『死にたい』とは言わずに死んでしまうことが多い」と聞くこともあったので、本人の中でその覚悟ができていたら、他者にそれを告げることをしないのかもしれないが、それでも悔しい気持ちになる。だからこそ、いったん、「死にたい」という言葉を聴けば、限界はあるかもしれないが何とかそれを防ぎたいと思うのだ。

私は面談の中で「死」という言葉を聴くと、今でも動揺するが、「死にたい」は「死ぬほど辛い」ということを伝えようとしているのだと聞いて、その人がそう訴えたときには、「どうしたら、死なずに済みますか？　一緒に考えませんか？」と聴くようにしている。私がこう言うと、なぜか、うなだれていた人のほとんどがびっくりしたように顔をあげ、「どうしたら死なないで済むのだろう」と自分なりにいろいろと考えて、生きていくための方法を話し始めてくれる場合がある。

私たちは、その人が死のうとすることを止めることはできないけれども、少なくとも、「あなたの『生きる』を支えているのは、あなた一人ではないのだ」ということをわかってもらえたら、それでいいと思っている。

今ではさちさんや彩加さんの生活を支える輪もできている。必要な社会的資源を使っていて困ったときにはすぐに駆け付けてくれる人々もいる。それなのに、さちさんの中にある根源的な罪悪感がなかなか消えることはなかった。しかし、私が面談の中で望んでいたことは、過去の自分を対象化し、心の中に常に存在する罪悪感がどのようなものなのかを整理し、今の彩加さんとの生活に活かしてほしいということだった。そこで、面談の終わりに、冗談めかして「さちさんが、当時のお母さんに言ってあげたいって言ったことが、今、彩加ちゃんがさちさんに言ってあげたいことかもよ」と言ってみた。さちさんは驚いたような顔をして、「あ、そうやったらいいな」と言った。

## 6　少し、外に出てみる

さちさんとの七年間の面談は終わりに近づいていた。さちさんがこの七年の間にどんどん元気になっていったからだ。支援会議の中で、さちさんの担当の麻美さんも「まあ、ちょっと見守りは必要ですけど、まずはＯＫかなと思っています。医者も寛解に近いかなというようなことを言っていました。でも、今まで通りの服薬管理や同行支援は続けますし、ヘルパーにも週に二回、家事を手伝ってもらいながら、本人も少し外にも出るようにもなっています。訪問看護師も新しい人に変わって、相性も合うみたいで、いろんな相談もしているようですから、いったんは安心しています」と話してくれた。彩加さんの担当のみどりさんも「さちさん、変わりましたよね。元気になりました。もともとしっかりしたお母さんだったけど、彩加ちゃんが、定期的に週末だけショート（ショートステイ）を使うことになって、余裕も出たんかなと思いますし、何より、彩加ちゃんがしっかりして。こないだは学校で表彰を受けたとか。嬉しそうに話してくれるようになって。長かったですけど、良かったと思います」と嬉しそうに報告をしていた。

これらの報告で語られた「嬉しいこと」とは、彩加さんが成長し母親と女友達のような付き合いができたり、家のことをちょっと手伝ったりしてくれるようになったのも大きかったらしい。さちさん自身も立ち話の中で、「昔はどうなるかと心配していましたが、学校でもお友達もできたみたいで、勉強もそこそこ頑張っているみたいやし、私も楽になりました」と言い、表情がずいぶんと明るくなっていた。それと、交流会のお母さんと話をする機会が増えたことも、さちさんが元気になっていった理由の一つになっていただろうと思う。

**私**：ずいぶんと元気になったね。

**さちさん**：そうですね。お医者さんから薬を少なくしても大丈夫そうやなて言われましたし、彩加が学校に行っていない間に、交流会で仲良くなったお母さんとランチに行こうかという気持ちにもなってきましたし、だいぶましです。

**私**：彩加ちゃんの手が掛からなくなったのも大きいとは思うんやけど、なんか元気になるようなきっかけとかあったの？

**さちさん**：きっかけと言われても、これといって思い浮かばないですけど、少しずつ外に出て、楽しいこともしようかなと思うようにはなってきました。実は、交流会のお母さんから、アクセサリーを作るサークルに誘ってもらったんです。体調に合わせて、行けるときは行くという感じなんですけど。もともと、ネイルにも関心があったから、手先を使う作業は得意ですし、楽しいです。

さちさんは体調が悪いときには、外見に気を配る余裕がないように見えたが、今は、すっかりおしゃれになっていた。立ち話をしていたときのさちさんの爪に綺麗なマニュキュアが塗られていたので、「綺麗やね」と言うと「自分でしたんです」と少し得意そうな顔を見せたので精神的な余裕も出てきたのだなあと思い喜んだ。そして、もう少ししたら、金銭的な公的援助は打ち切って、自分の力で食べていくために就労支援を利用して仕事を探したいとも言っていた。

ただ、一つ、私が気になったのは、あまりに元気なので、双極性障害の「躁状態」が強く出ていたらどうしようということだった。そこで、担当の麻美さんにそのことを尋ねると「私もそう思って医者に聞いたんですけど、さちさんはⅡ型ということで、医師からは『大丈夫だろう。今の薬が合っているからだろう』と言われたから、まあ、大丈夫だと思っています」と言うので、ひとまず安心した。

さちさんの「死にたい」は、さちさんが言うには今のところ、影を潜めているらしいが、また、いつか出てくるかもしれない。しかし、たとえ、それが出てきたとしても、さちさんの周りには相談する人や場所があって、さちさんの命を繋いでいきたいと思っている人たちがたくさんいることを覚えておいてほしい。それに、さちさん自身が、亡くなった母親に言いたかったという「そんなお母さんでも大好きだから大丈夫」という言葉が、これからのさちさんを支えていくだろうと信じている。

さちさんはそもそも「お母さんがわからない」と言っていたし、私自身も「これだ」というような答えも持っていなかったけれど、少なくとも本に書いてあるような「理想の母親」なんていないことはお互いに十分知っていた。

## 7 「母親」という存在の意味

本屋に行っても母親に関する文献がたくさんあふれている。みんな「母親」というものが何なのかが知りたいのだろう。その中には「母親」は幻想であり、その神話を崩そうとする母親の視点からの本もあったり、「毒親」という言葉も近年よく聞かれるようになった。いずれにしても、それらの本には「母親とは何か」を問いかける内容が書かれていて、それなりの答えはそこにはあった。しかし、たとえそれらの本を読んだところで、そこには私たちが知りたかった「母親の姿」はなかった。私たちはいったい何を探していたのだろう。

**さちさん**：「母親」っていう言葉は、子どもにとってはやっぱり甘くて切ないものですよね。

**私**：そうやね。切ないっていう感情はなんとなくわかるかな。なんでだろうか。

**さちさん**：なんか、切ないですよね。子どもを産んだ瞬間から「母親」にならなくちゃいけなくて、後戻りできない。母親になることは嬉しいことではあるのだけど、じゃあ、子どもを産む前の私はどこにいったらいいのか。迷子になりますね。

**私**：たしかに、そうやね。迷子か……。（母親に）ならなくちゃいけないっていうのは重いかもしれないね。

**さちさん**：ならなくちゃいけないって思うから、かえってなれないっていうのはあるかもしれませんね。母親って、それまでの自分も迷子になることなくて、でも母親でもあるっていうような、そんな自然な存在なのかもしれませんね。山奥にある岩みたいな。

さちさんは、この話をしている途中で、大きな声で「あ、自分で言ったんだけど、たしかに岩みたいなお母さん、いいですね」と言った。私は「岩？　ごつそうね。いかついというか。強そう。岩みたいなお母さん、いい？」と聞きなおしたが、さちさんは「いいですよ。何があっても動じそうにないし、かといって、別に何かの役に立とうとは思ってないだろうし、何をしてくれるわけでもないけど、ただそこにどっしりいるっていうのが、いいじゃないですか」と言った。そして「岩には誰もなんの期待もしないだろうし、そもそも期待をされたところで岩も何かしようとはしないだろうし。ただ、そこにいるっていうのが大事なことなんですよね」と続けた。

さちさんの話を聴いて、確かに「岩のようなお母さん」はいいかもしれないと思った。山奥にある岩は何もなければ砕け散るということもないだろうし、そこに行けば、いつでも変わらない姿で迎えてくれる安心感がある。たとえ、子どもが岩の傍からいなくなったとしても、ずっとその場所で、「消えることなく」、何ものにも振り回されることなく、たとえ何かがあったところで何もなかったかのように、存在していてくれるのは、子どもが不安になったときに立ち帰る場所があるという大きな安心感につながるものである。さちさんが言った「岩に誰もなんの期待もしないだろうし、そもそも期待をされたところで岩も何かしようとしないだろうし、ただそこにいるだけでいい」という言葉は、常に「○○してやらなくてはいけない」『母親らしくいなくてはいけない」と言っていたさちさんの母親像を塗り替えようとする言葉だと受け取った。岩も何かあれば砕け散りそうになることもあるだろうが、そのときにはその岩が砕けないように支える輪があれば、そのまま存在し続けることを可能にするのだ。

さちさんは、この数年の間に、いろいろな経験をし、たくさんの人たちと交流する中で、さちさんの母親への「こだわり」が外れてきたことを感じていた。母親が「岩」というのは少し驚いたが、それでも「岩、いいじゃない。そんなお母さんになったらいいね。どっしりと、何事にも動じない。きっとなれるよね」と言うと、「なれるとか、なれないとかじゃなくて、そもそも母親ってそういうものだと思うようになりました」と答えたことが印象的だった。

母親という存在は、様々な幻想や神話として語られながらも、その本質は、とても自然なものなのだろう。その自然な存在が、子どもたちにとっての、軸となり芯となって、安心感を与えていくのだ。さちさんとの長い付き合いの中で、ああでもない、こうでもないと語り合った「母親」は、結局のところ「岩だったね〜」『いつか子どもが自立して打ち捨てられたとしても、ずっとそこにいて消えることなく、ど～んと存在している。母親ってそれで良いんですよ」と笑い合えるようにもなった。さちさんが笑いながら言った「消えることなく」という言葉は、さちさんが自分の母親に対して求めていたものであり、彩加さんに対して誓った言葉のように聞こえた。そして、もし、かつてのさちさんのように「消えてしまいたくなる母親」がいたとしたら、その人を取り巻く人々の援助の輪や絆が、その人を引き戻し新しい人生を取り戻していこうとする力になれば嬉しいと思う。

さちさんとの面談はいったん終了したが、これからも、定期的な面談という形ではなくさちさんや彩加さんとの関係は続いていくと思う。もし、精神的に不安定になったり困ったときには、さちさんや彩加さんの周りには「岩」のような支援の輪が取り囲んでいることを思い出してほしい。これがさちさんと彩加さんに関わった私たちの願いである。

**注**

（1）双極性障害は気分が高揚したり落ち込んだりといった躁状態とうつ状態を繰り返す病気である。双極性障害にはⅠ型とⅡ型があり、激しい躁状態とうつ状態のある双極Ⅰ型と、軽い躁的な状態（軽躁状態）とうつ状態のある双極Ⅱ型があるといわれている。

（2）通所受給者証とは、児童福祉法に基づいて運営されている障害児通所支援事業者等のサービスを利用することができるものである。（LITALICO 発達ナビ https://h-navi.jp/support_facility/guides/recieve）

（3）児童発達支援とは未就学の児童を対象に、日常生活における基本的な動作の指導、知識技能の付与、集団生活への適応訓練その他必要な支援を行うことである。（LITALICO発達ナビ https://h-navi.jp/support_facility/guides/recieve）
彩加さんが利用していた児童発達支援のプログラムは、発達障害者支援センター内で「幼児期・児童期の子ども支援」に位置付けられており、〝子どもたちの強みを発見して可能性を伸ばす〟を目標に、子どもリハビリテーションセンターでの感覚統合や認知神経療法、就学前児童の幼児療育、ソーシャルスキルトレーニングを行っているものである。

（4）ショートステイとは、児童福祉法第六条の三第三項に規定する子育て短期支援事業に位置付けられている。この事業は、保護者の疾病その他の理由により家庭において児童を養育することが一時的に困難となった場合及び経済的な理由により緊急一時的に母子を保護することが必要な場合等に、児童養護施設その他の保護を適切に行うことができる施設において一定期間、養育・保護を行うことにより、これらの児童及びその家庭の福祉の向上を図ることを目的としたものである。（近江八幡市「子育て短期支援事業（ショートステイ事業）の運用に係る取扱い」https://www.city.omihachiman.lg.jp/material/files/group/163/27k2-s3.pdf）

# 終　章　「家族」を超えて生きる

## 1　援助の輪の中で学んだこと

この本は、精神障害のある人が語る「苦しさ」や「生きにくさ」が、長期間にわたる地道な援助の輪の中でどのように変化してきたのかについて、私が出会った中での数名の方々の語りを紹介したものである。第1章から第5章で語られた「語り」は苦しみやしんどさをある程度乗り越え、自分たちがどう生きたいかを実現しようとしていた人々だが、施設にはまだ同じような苦しみの中にいる多くの人々がいて、彼らに対する支援は今日も続いている。ここで紹介した相談支援の職員たちは、一人が二〇件以上の事例を抱えながら、一人ひとり異なる困難や求める援助を丁寧に聴き取り、職員たちが「身体で覚えた」という絶妙な援助が「自然な風」のように彼らを取り巻き支えている。ある職員がこう語っていた。「本や研修の中での支援は崩れる。援助を必要とする人たちとじっくり向かい合い身体で覚えることが基本」、「本や研修からももちろん学ぶものは大きいけれど、それは自分の実践と照らし合わせるためでもある」と。

精神障害がある人の語りの中心にはやはり「家族」がいた。彼らの生を支える根幹には常に「家族の姿」があり、その姿に励まされたり、苦しんだりしていた。しかし、援助の輪という「家族」を超えた関係に繋がったとき、その家族の姿は変容していくように感じた。私との面談の中で「すべての苦しみの責任は家族にある」と語っていた人が、「すべてではない」と思い始め、むしろ家族への感謝が語られるようになることもあったのだ。それは、「家族」だけではない新たな繋がりがその人を支えようとしていることを知ったからだと思う。

「家族を超える繋がり」とはどういうものなのだろうか。どの「家族」にも言えることだと思うが、「家族」はどうしても物理的あるいは心理的な距離が近いため、いいときにはいいのだが、ときに感情的になったり、攻撃したり、されたりとその人を揺らすものになるかもしれない。一方、援助者は決して彼らの「家族」にはなれないが、多くの援助者によって組み立てられた支援のネットワークは、常に変わらず安定してその人の人生を支えようとする。その安定した関係の中で、「家族」へのまなざしや捉え方が変化していくように思う。それは彼らが家族の他に、援助の輪という「安心する居場所」を手に入れたことによる変化だと思っている。

私は、こうした援助ネットワークの中で心理的面談の役割を担っている。ここからはその中で当事者や援助者から学んだことを語っていきたいと思う。

## 2　セルフスティグマの苦しさ

### 「恥ずかしい」と思っていたのはなぜか

セルフスティグマとは、自分で自分に社会的な烙印を押すことである。たとえば、彼らの生活や苦しみを「知らない」がゆえに、「精神障害者は怖い」だとか、「社会の中で役にたたない人だ」など、何の根拠もなく、むしろ間違っているのに、社会が無責任に押した烙印を自分の内面に取り込み、「自分はそうである」と認めてしまうことなのだ。

このセルフスティグマは精神障害がある人々にとって二重の苦しみを生むことになる。精神障害があるために生じる症状の苦しさと、社会的なスティグマによる「自己否定」といった、本来であれば生じない二重の苦しみを背負うことになるのだ。そもそも、このセルフスティグマがどこから来たのかといえば、もともとは、現実の社会の中で人々が精神障害に対して押したスティグマの存在を知っているからだ。そして、それに抗いながらも、知らず知らずのうちにそれを自分自身の内面に取り込み、認め、自分のものにしてしまうことによって、自分を責めるようになるのだ。とすれば、最初に社会が押したスティグマ、別の言葉でいえば、精神障害者に対する偏見や差別が、症状に苦しむ彼らに新たな苦しみをもたらすものになるのだ。そして、いったん、取り込まれた無意味な偏見や差別は精神障害に苦しむ人の内面から簡単に出ていくことがなく、いつまでもその人を苦しめ、将来の展望や希望さえ奪っていくものになる。

「不登校の上に、精神科病院にまで入院して、僕は終わったと思いました」と語ったのは、現在、大学四年生になる男性だった。先日、ある研修会で彼と出会ったのだが、研修会後に話をする機会があり、精神障害がある人の語りを本に書いているという話をすると、「あ、僕のことも書いてください」と言い、精神科病院に医療保護入院したときのことを語ってくれた。仮に彼のことを亮太さん（仮名）と呼ぶ。

「両親が離婚して、母親が忙しかったのもあって、なんとなく僕が家の面倒をみるようになって学校には行かなくなりました。学校で何かあったということもなく、別に嫌じゃなかったけど、母親も『学校に行け』というタイプではなかったし、そのままずるずると。」

不登校という経験は亮太さんにとってそれほど重荷ではなかったというが、いろいろなものが蓄積していたのか、中学生になって、幻聴や幻視が現れるようになったという。ある日、自宅で「突然、わけがわからなくなり」、そのまま医療保護入院につながった。そのときの記憶は定かではないそうだが、気が付いたら精神科病院の閉鎖病棟にいた。彼が入院した病室は四人部屋で、彼の他に三人の思春期・青年期にいる患者が入院していた。亮太さんは「焦燥感や自己否定からしばらくベッドから出る力さえなかった」という。精神科病院に入院してしまった自分をどうしても受け入れることができなかったからだ。その当時、彼が聴いていた幻聴は自分を批判する声であり、見ていた幻視はそこに「錯乱しながらも困った人が立っている」というものだったそうだ。「後から考えると、そのときは、結局、僕が僕を批判する声を聴き、困って佇んでいる僕自身の姿を見ていたんでしょうね」と言った。

投薬治療が始まり、それらの幻聴や幻視は消失し、ベッドから起き上がれるようになったとき、同室にいた同年代の患者から「声を掛けていいかどうかわからなかったから何も言えなかったけど、心配してたんやで」と言われた。「自分たちも病気で苦しいのに、こんな僕を心配している人がそこにいる」という不思議な感覚が亮太さんの力になったという。それから、彼らとの付き合いが始まり、その中でいろいろなことを学んだ。その中でも亮太さんに一番力を与えたのが「不登校だとしても、精神科病院に入院したとしても、それは恥ずかしいことではない」と思えたことだった。しかし、そもそも、亮太さんが自分を「恥ずかしい」と思っていたのはなぜだろうか。彼が自分に押したセルフスティグマはいったいどこからきていたのか。その正体を見極めることが私たちに突きつけられている重要な問いだと思いながら彼の話を聴いていた。

さて、亮太さんの幻聴や幻視は一過性のものだったようで、医師からは今後しばらくは投薬治療を続けて様子をみたいけれど、それで症状が出なければその後の継続した治療は必要ないと言われ退院した。治療が終了してから一〇年以上が経つが症状が再発することもなく、彼は少し遅れて大学に進学し、自分と同じような苦しみをもつ子どもたちへの援助をしたいと心理士を目指して頑張っている。そして、そのときに同室だった三人とはいまだに親友のように付き合っているという。

## 学生たちの「精神の病」への意識

このセルフスティグマに関して、先日、「教育相談」という私の講義を履修している学生四〇名に協力してもらい、「身体の病と精神の病に対する意識はどう違うのか」について無記名で自由に記述してもらった。彼らは、「風邪を引いた」とか「お腹が痛い」といった身体の病に関しては、抵抗なく他者に話すことができても、「メンタルがしんどい」とか「うつ気味だ」などと人に言うことは難しく、ましてやメンタルクリニックに通っているなどとは言えず、精神の病に関しては、とにかく「隠しておきたい」と書いていた。その理由として一番多かったのが、「身体の病はほとんどの人が経験しているが、精神病は誰にでも起こることを世間は知らないから、その背景や苦しさが理解されることなく『特別な人』『弱い人』だと思われたくないし、馬鹿にされたくないから」「人格を否定されたり、人から距離を置かれるのが怖いから」といったものであった。

これは聞いていないから私の想像でしかないが、学生もそれぞれ悩みもあるだろうし、カウンセリングに通いたいと思うこともあるだろう。にもかかわらず、それを「人に言えない」と考えるならば、世間が考えている「精神障害者の姿」が深く根付いているからだろう。そして、その間違った精神障害者の姿をあたかも正しいかのように思い込み、自分の内面に取り込むことによって、「隠しておきたい」と語ったのだと感じた。

今後学生には、精神障害がある人と出会うことによって、世間が考えていることが本当なのかどうかを再考してもらいたいと思う。身体の病と同様に、誰かに聞かれるまではあえて言わなくてもいいが、聞かれたときには「隠さなくてはいけないことではない」ということを学んでくれたら嬉しいと思う。

精神障害がある人も同じように自分を責め、世間からの評価を怖れている。そして、彼らが語る「こんな病気になってしまった自分はダメなのだ」とか「一生、世間から後ろ指をさされる存在なのだ」という声が、「病気と付き合いながらも自分の思うような人生を生きる」や「精神病だからといって恥ずかしいことは何もないのだ」という声に変わるには、彼らを知り、そして彼らのありのままを受け入れ、困っているところに手を差し伸べる誰かの存在が助けになるのだ。

## 3　チームを組むことで知る「援助者の解決されていない課題」

### 他の援助者からのまなざし

援助をする上で大切なことはその人がもっている「力」を奪わないことである。その「力」がその人の「生きたい自分」を実現していくのだが、その人ができることをできないと思い込んで、援助者が代理行為[1]をしてしまうことによって、その人が自立することを阻害していることがあるからだ。

あるいは、誰かを援助するといった関係の中で自分の存在価値を確かめようとしたり、援助者自身が癒されたいという欲望を「他者を癒す」という行為によって実現しようとしたりすることもある。それらはたいがい意識化されておらず、その背景には、援助者自身の解決されていない「課題」があるのだが、援助者一人でそれに気づくのは難しい。援助者も人間なので、それまで生きてきた中でいろいろな体験をし、嫌な思いや苦しい出来事もあり、援助者にも解決できていない課題があって当たり前だとは思うのだが、いざ、援助に入るとそれが大きく邪魔することがある。援助しようとする人を結果的に傷つけてしまうことがあるのだ。そしてそのことになかなか気づけない。そのことに気づかせてくれるのは、一緒にチームを組んでいる他の援助者からの指摘やまなざしなのである。

### イネイブリング(2)とは気がつかず

以前に、ある計画相談の職員が生活保護者の支援を担当していたときのエピソードがある。新しく入った相談支援員から「パチンコで生活保護費を全部すってしまって、家賃が払えなくて、大家から『出ていけ』って言われているんで、代わりに立て替えました」という報告を聞いたとき、その職員は「え、なんで？　相談支援員がすることと違うよ。したらあかんことやん」と言っていた。その援助の対象になっている人は、これまでも何度も、有り金をすべてパチンコに使って家賃を払えなくなったことがあるそうだ。そのたびに「いくらパチンコに全財産を使ったとしてもアパートを追い出されたら困るだろう」と誰かが立て替えていたらしい。自分の身銭を切ってまでその補塡をしていた人もいる。しかし、その計画相談の職員は「一回、アパートを追い出されたらいいねん。しばらくホームレスでもしてもらって。西成やし、寝るところはいっぱいあるし、炊き出しもでるから、見守りだけしっかりして、本人が『困った。どうしたらいいか』て聞いてきたら、初めて、一緒にどうしたらいいかを考えていかなあかん。西成は敷金礼金なしでその日から住所がとれるところもあるから、立て替えたらあかんよ」と言い、「こういう問題が起きるときには、個人と環境のバランスが崩れているとき。そこを見極めないとあかん。その人には自分の問題を解決する『力』があるんやから、それを信じるのが支援者や」という話をしていた。

この話を聴いたときに、西成のあいりん地区にある大阪社会医療センター附属病院で無料低額診療事業を長く続けていた本田良寛医師（故人）について研修を受けたときのことを思い出した。その医療センターには多くの日雇いの患者が訪れ、医療費を払うことがままならない患者も多かったそうで、本田医師は「ある時払いの催促なし」の信用貸しという形で借用書を書いてもらい、その人が働いて返すことができるようになるまで医療費の支払いを待ったそうだ。支払い率は低かったそうだが、借用書を書いてもらうのは、治療費を払うために頑張ってお金を稼ぐようになってもらいたいという思いとともに、「施すということほど、人を馬鹿にした話はない」と強く思っていたからだそうだ。「その人は今、医療費を支払う力がないかもしれないが、いつかきっと働いて支払えるようになる」、あるいは、「支払えるようになってもらいたい」と願っていたからだろう。

その計画相談の職員も本田医師と同じように考えていたようだ。アパート代を立て替えるのは誰にでもできる。しかし、それを続けていたのではいつまでたってもその人は困らない。人には自立していく力があるから、その力を信じて、その人に「パチンコに全財産をつぎ込んでアパート代を使い込んだら住むところがなくなる」「これからは計画的にお金を使わなくては、困ったことになる」「どうすれば、家賃をきちんと払うことができるようになるのか」ということを、その人とその人が置かれている環境のバランスを整えながら、「知ってもらうこと」が支援の第一歩だと考えていたのだ。

新しく相談員になった人は「なんて冷たい職員なのだろう」とはじめは思ったかもしれないが、計画相談の職員の言葉を聴いて、援助者としての自分が、援助を必要としている人の「力」を信じることなく、その人の「自立の機会を奪ったこと」に気づいたと思う。

計画相談の職員の言葉は、一見、突き放したように感じるかもしれないが、それが本人の向き合わなければならない、あるいは乗り越えなくてはならない課題だとしたら、その人の「力」を信じて援助者が手を差し伸べてはならないのだ。立て替える方が援助者にとってはずっと楽な場合がある。ごたごたは起こらないし、追い出された人の荷物の行き場を算段したり、その人が追い出された後の安全をどう守るかなど、次に打つ手を考えなくて済むからだ。さらに、援助者自身が「立て替えさえすれば、その人は困らなかったのに」という罪悪感を覚えなくても済む。しかし、ここは援助者が耐えなくてはならない重要な局面の一つになる。その人の「力」を信じて、抱え込まず、代理行為をせず、その人が自分の足で前に進む「機会」を奪わないように、個人と環境の間になんらかの課題が生じていないかどうかを見て、もし生じていればその調整をしながら、本人が状況を変えたいと言ってくるのを「待つ」ことが援助者の大きな役割なのだ。援助者は「イネイブラー」になってはいけないのだ。

後日談として、アパートを追い出されそうになったその人から職員に「今回は、ぎりぎり追い出されんで済んだけど、ほんまに参ったわ」という話をしてきたそうで、「じゃあ、参らなくて済むように一緒に考えましょう」という話になったそうだ。「本人が起こしてしまった問題行動の尻ぬぐいはしないが、どうすれば困らずに済むかを一緒に考える」。それが、西成の相談支援の職員が考える支援なのだ。

## 「それって、メサイア？[3]　共依存？[4]」

八年ほど前になるが、私が西成での援助実践に入らせてもらったばかりの頃に経験した事例がある。ある二〇代前半の女性の支援チームに心理的援助として関わっていたときの話である。その女性を仮になおさん（仮名）と呼ぶ。なおさんは当時、ボーダーライン人格障害と診断されており、自傷行為もみられた。一人暮らしをしていたのだが、症状も重く、計画相談の職員を中心に、精神科クリニック、訪問看護師、ヘルパーで日常を見守り、私は心理的援助として面談を担当していた。

そんなある夜、私の携帯に泣き叫ぶなおさんから電話が掛かってきた。私は、面談を受けている人には個人の電話番号は教えないようにしているのだが、なおさんにだけは教えていた。まず、ここが役割の枠組みを大きく外しているところなのだが、私はなぜかなおさんのことが気にかかり、面談以外での相談も受けるようになっていたのだ。

その夜、なおさんは興奮した様子で電話を掛けてきたのだが、電話の向こうで泣き叫んでいるので、何を言っているのかがよく聞き取れなかった。その中で、「もう死ぬ」とか「私なんかいない方がいい」といった言葉が聞こえたので、私は焦った。「ちょっと待っててね。すぐに行くから」と電話を切り、「今の時間であればまだ電車は動いているからなおさんのアパートに行こう」と思ったのだが、そこはなんとか思いとどまった。その代わりにすぐに、訪問看護師に連絡し、「なおさんが大変だから、頓服をもってアパートまで走ってください」とお願いをした。

次の日、訪問看護師から呆れたように「山本さんは巻き込まれ過ぎ。自分が行ったときにはすでに落ち着いていて『もう寝ます』とそのまま寝てしまいましたよ」「彼女は自分で折り合いを付けられるのだから、振り回されたらだめですよ」と叱られた。その後、仲のいい相談支援の職員から「なおさんを依存させてしまうような関わりになってるよ」とチームを降りるように言われた。当たり前のことだったが、私はなおさんには思い入れがあったので、内心、少しショックを受けていた。チームは外れたが、なおさんが気に掛かってはいたので、常に遠くから見守っていたのだ。しかし、その後のなおさんは大きく調子を崩すことなく、むしろ、生活を立て直し、働きたかった会社に就職していったのだ。

基本的には援助を求める人とは適度な距離を保つように心掛けている私がなぜなおさんのことがあれほど気になったのかを考えてみた。このことを考えているうちにあることを思い出した。私の娘が小学校のときに「学校で嫌なことがあってお母さんに一番に聞いてもらいたいと思って帰るんやけど、お母さんはお仕事でいつも家にいなくて寂しかった」と言われたことがあり、そのときに感じた「かわいそうなことをした」という痛みを思い出したのだ。娘はその当時のことは覚えていないと思うが、私の中には小さな痛みとして残っていたのだろう。他の子どもと同じように、娘も小さいなりに何かしらの悩みもあって泣きたいこともあったとは思うが、日々の忙しさのあまりきちんと話を聴いてやれていなかった、その悔いのようなものが、娘と顔が似ていたなおさんと重なったのかもしれない。

これが私にとって、心理相談員としてはあってはならないだろう「激しく面談者に巻き込まれた」という経験になったのだ。私自身は当時の娘とのやりとりをすっかり忘れていて、そんなことが援助に影響しているとは思わなかったが、それに気づかせてくれたのは先述の一緒にチームを組んだ仲間だった。このときに、心理学を勉強しているというその職員から「それって、メサイヤ？（笑）それとも共依存？」と言われ「そうなんかな……。どっちかっていえば同一視とか投影とかに近かったかもしれんね。いずれにしてもあかんよね（笑）」と、なおさんが困るようになる前にチームから外されたことに感謝した。もしあのまま続けていたら、それこそ、なおさんの自立を阻害していたのではないかと申し訳ないでは済まないことだったと思った。

## 風通しのいい関係

しかし、私にそれを指摘してくれた職員は、自分も過去に同じような支援をした経験があったからこそ気づいたと語ってくれた。彼女を仮に涼子さんと呼ぶ。

涼子さんは定年間際のベテランの相談支援員だった。涼子さんには障害がある弟がいたのだが、早くにその弟を亡くしてしまい、そのことをきっかけに福祉の世界に入ったという。そんな涼子さんが福祉の世界に入ったばかりのころ、ある人の支援に没頭したのだが、最初はよかったものの、だんだんとにっちもさっちもいかなくなって、結局、支援から外れた経験をしたという話をしてくれた。涼子さんはどうして上手くいかなかったのだろうとずっと考えていたそうだが、ある本を読み、その本の中に「メサイアコンプレックス」「共依存」という言葉を見つけ、「失敗したのはあれやったんかもしれん」と思ったそうだ。

当時、涼子さんは障害がある男性の支援をしていたのだが、支援チームはあったものの、すべてを涼子さんが担いたかったようだ。本来であれば、外出するにはガイドヘルパー、金銭管理は専門のサポート、通院同行や服薬管理は訪問看護師に依頼したりするのだが、そのすべてを涼子さんが一人で行っていた。その男性も涼子さんを頼りにしていたように感じていた。そうなると、ますます涼子さんは「この人のために」と頑張った。自分の個人的な時間も削ってその人の支援に没頭したらしい。いつどこにいても電話が掛かってきたらすぐに駆け付け、○○のゲームが欲しいといえば夜中からそれを販売する列に並び、旅行に行きたいと言えば、そのチケットを購入し家まで届けてやり、自分の手だけでは足りないときには夫にも手伝わせて支援をしていたらしい。その代わりに、自分が彼のためにやる支援のすべては「正しい」のだから、その男性が言うことを聞かなかったり、受け入れようとしなかったりすると、無性に腹が立つようになっていたという。そのうちに、その男性との間がだんだんとおかしくなってきた。その男性も、涼子さんが自分にしてくれることは「当たり前」、気に入らないとモノを投げつけたり、罵ったりするようになってきた。そうなると、涼子さんも「こんなに親身になっていろいろしているのに、その態度は何だ」「私の言うことを聞いていればいいんだ」と思うようになり、二人の関係はあっという間に崩れていった。彼から「死んでしまえ」「消えろ」と罵られ、涼子さんは「恩知らず」と言い返す。そんな関係が続き、ついに他の支援員に彼を託すことになったそうだ。他の支援員からは涼子さんの支援に関して、何度も「利用者さんと弟は違うよ。それがわからないなら、誰かに代わってもらいなさい」というアドバイスがあったようだが、当時は、その意味もわからず、アドバイスに従うことはなかった。しかし、結局他の職員が担当になってからの彼の目覚ましい自立度をみると「自分が彼の自立を阻んでいたんだな」と気づいたそうだ。涼子さんは「今思うと、私が弟の死から立ち直れていなくて、そういうつもりはなかったけれども、結局、自分を癒すために、彼の支援をしていたから上手くいかなかったのかなて思うよね。申し訳ない思いでいっぱい」と語ってくれた。

こうして、一緒にチームを組んでいる仲間から自分の実践を客観的にみつめる機会を与えられ、自分の中にある解決されていない課題が意識化し解決されていくこともあるのだ。そして、その涼子さんに娘に対して後悔している思い出があったことを話すと「仕事をしている母親はそんなもの。娘さんもわかってくれるときがくるから気にしなくていいよ」と言ってもらい、その言葉によって、結局、私は「癒されることになった」のだ。たぶん、二者間に閉じた支援をしていたのではそこには気づけず、いつまでも娘への罪悪感を抱えたままだと思うと、その言葉に感謝している。

メサイアコンプレックスとか共依存とかといった言葉は対人援助をしている場所では否定的に扱われることがあるが、必ずしもそこに陥っていることを否定することは私にはできない。誰だって、人間である以上、それまで生きていた中にはいろいろな課題があり、それを乗り越えないままに対人援助をしていることはあるからだ。そして、その渦中にいるときには、自分の課題が支援の中でどう動いているのかが見えにくい場合もあるだろう。

しかし、自分の援助の中に心理学でいわれるような「メサイアコンプレックス」や「共依存」があるかどうかに気づかなくては、援助を必要とする人たちに大きな迷惑を掛けてしまうことにもなる。涼子さんは自分の経験から「『自分の支援が上手くいって良かったな。利用者さんの役に立っているな』と思うときに、誰にとって『上手くいっているのか』『役に立っているのか』を常に考えることを学んだ」と言う。もしかしたら自分のしている援助が、利用者にとってではなく、自分自身にとって「上手くいった」『役に立った」と思っているのではないかと。そして、そこに気づかせてくれるのは、同じように援助をしている仲間なのである。多くの他業種が同じ目的をもって支援チームを組むことで、それぞれの援助方法をスーパーバイズし合える「風通しのいい関係」が、援助者としての自分を大きく育ててくれるものになる。

## 4　地域を生活拠点とする取り組み

精神障害がある人だけではないが、何らかの援助を必要としている人には「居場所」がなかったり、孤立していたりする場合が多い。誰かと、何かと繋がれば、また新しい世界が広がっていくのだが、その「繋がる」までが個々人によってハードルが高かったり、遠かったりする。

先日、相談支援の職員からこんな話を聴いた。精神障害がある人の援助には、ACT[5]やオープンダイアローグ[6]といった病院の機能を外に出したものがあるが、地域を生活拠点にするためには、地域の特色のアセスメントが重要だということだった。

精神科病院から退院してきた人が「住みたい」という地域にどんな社会的資源があるのか、その地域に住む住民の年齢層や、戸建てが多いのかマンションが多いのかといった住宅の形態、町内会があるかどうか、民生委員はいるのか、緊急のときに搬送する病院が近くにあるのかどうかなど、地域に関するきめ細かいアセスメントが、その人をコミュニティで支えていく上での不可欠な要素になっていくだろうという話だった。

「住みなれた〝まち〟で〝自分らしい生活〟を選び、〝実現できるように〟」という言葉が西成区の基幹相談支援センターの支援の目標としてパンフレットの最初に書かれている。しかし、実際には、他の自治体から西成の援助を受けるために転居してくる人も少なくない。西成区は、大阪市では平野区に次いで、障害者の数が多いため、ノウハウもあり、障害者支援の事業所も多いことが理由だそうだが、本人が納得して転入しているとは限らない。「慣れた場所に帰りたい」と状態を大きく崩す人もいるのだ。

私が最初に西成で実践を始めたときからずっと、私の支援を陰からそっと見てくれていて、私が困っていると思えば、助けてくれる人に繋いでくれたり、折に触れて適切なアドバイスをくれたりする職員がいる。芙美さん（仮名）という人である。芙美さんのこうした関わりは私だけに限らず、他の多くの職員にも同じようにしているのだが、自然すぎて、そのときには気がつかない場合もあるくらいだ。

私が西成の実践をさせてもらうようになった最初の頃、重度の知的障害がある五〇代の人を家で世話をしていた八〇代の母親が「私が逝くときには、この子も一緒に連れて逝くから」と言ったとき、芙美さんが「お母さん、これまでいっぱい頑張ってきたんやもの。これからは、私らが、〇〇さんをみていくから、心配しないでいいんやで」と言っていた言葉が印象深く残っている。八〇代のお母さんは驚いた顔をして「よろしく頼みます」と言って涙ぐんでいたのを今でも思い出す。障害がある子どもは、親である自分がみなくてはならないといった時代の話が今も続いていると思うと、胸が痛かった。

この芙美さんと先日話をしていたときに「やっぱり、いくら家族が世話をするのが大変だからと少しでも遠くで暮らさせたいと希望したからといって、住み慣れた街から知らない場所に転居してもらって支援するというのは限界があって、そこを事前に家族や本人と話し合わないといけないというのがよくわかった。家族さんが大変だろうと受け入れるのはだいぶ違っていて、本人が『地元を離れたくない』と言えば、地元で暮らせるような支援を計画しないといけない。地元の計画相談員と、『どうしたら地元で暮らせるようになるのか』とか『どんなネットワークが使えるのか』とか、そういったことを探すことには全面的に協力はするけれど、本人が『嫌だ』と言っているなら転居の受け入れは断るという姿勢も大切やね」と言った。西成は支援が充実しているとはいえ、いきなり知らない街に連れてこられた本人にしてみれば、なぜここに来ているのかの意味もはっきりとはわからず、それまで掛かっていた病院も変わるとなると、大きく状態を崩すのは簡単に想像できるからだ。

とにかく、芙美さんだけではなく、本著で紹介した援助者は、「本人がどうしたいか」を常に中心に置いた援助を心掛けている。支援に繋がっている本人の希望がそのまま叶うには多くのハードルを越えていかなくてはならない場合も少なくはないが、そのハードルを越えるために、社会的資源を利用し、人を集め、ハードルを越えることを可能とするネットワークを作ることが援助者の仕事だと考えているのだ。そして、まだ支援に繋がっていない人を、地域のコミュニティとの交流の中から探し出し、支援に繋いでいくことも自分たちの仕事だと考えている。「繋がってくれさえすれば、何とかなる」と思っているからだ。困っている人がＳＯＳを出してくれればいいのだが、助けをどこに求めたらよいのかの術さえもっていない人が多く、ＳＯＳを出せないままに大事になってしまうということもある。「程よいくらいのＳＯＳを出してくれたら支援に入りやすいのだけど、大火事になってしまうと、ＳＯＳも出せなくなる場合があって、そのためにも、常に地域にどんな人がいるか、援助を必要としている人がいないかを、西成の地域のネットワークを通して探している」と芙美さんは話してくれた。

最後に、私が一緒に援助をしている職員や他業種の人たちからよく聴く言葉に「本人の支援やのに、なんで本人に選ばせないの」というものがある。これは、いまだに本人ではなく、援助者や家族が本人にとって「良かれ」と思う支援計画を立てたり、指示したりしていることを表しているのかもしれない。それが決して悪いことではないし、かえって、スムーズに進むこともある。

しかし、少なくとも私が援助を受ける立場になったとしたら、困難が大きかったとしても、誰かが立てた計画ではなく、自分の思う方向に進みたいと思う。失敗したら、またそこで考えたらいいいと思っているし、誰かに助けてもらいながら、困難を乗り越えようとすることから学んだものは、きっと、私の人生にとって、とても大切な体験になると思っているからだ。
これも、西成での実践の中で、障害がある人や職員から教えてもらった大切なことであり、今後の私の実践を支えるマイルストーンになっていくだろうと感謝している。

**注**

（1）援助における代理行為とは、本人ができることを、周囲や支援者が「できない」と思い込むことで、本人に代わってやってしまうことである。たとえば、脳性麻痺で手足に力が入りにくい人がいたとして、それでも時間をかけたらドアを開けることができるのに、援助者は「力が入りにくいからできないのだろう」と思って自分で開けてしまうということがある。これを代理行為というのだが、そのことで、脳性麻痺の人の「意欲」や「力」を奪ってしまうこともあるのだ。

（2）イネイブリングとは、多くはアルコールなどの依存症がある人への支援で使われる言葉であるが、たとえば「当事者自身が引き起こした問題に、本人が向き合わなくてもいいように、また回復していくためにさまざまな困難を克服していくことをしないですむように、その配偶者や支援者など周囲の人々がしてしまう行動」（渡邊、二〇一七：一四四二）であったり、「よかれと思ってやっているのに、結果的に相手の抱える問題を進行させてしまう行為」（小瀬古、二〇一九：三二）だといわれているものである。

（3）ここでいう「メサイア」とはメサイアコンプレックスのことで、「自分は価値のない人間なのではないかという「抑圧」された強い劣等感が原動力になって、人を助けたり人を救ったりといった行動が起こる事態を意味する」あるいは、「自分が救われたいという衝動が「救いたい」という衝動に反転する」（吉岡、二〇一〇：一五－一六）と言われているように、人を癒したいという気持ちの裏側に自分が癒されたいという無意識の思いがあるため、相手をコントロールしようとしたり、自分の思い通りになっているうちはいいが、そうではなくなると、「癒されたい自分」が癒されなくなるのを恐れ、それまでの関係が崩れてしまうことがあると考えられる。

（４）共依存とは、イネイブリングの中で生じるイネイブラー（自分の生活を犠牲にしてまでも支えようとする人）と被援助者との関係性にみられるようなものだと考えてよいと思うが、お互いの存在が、たとえ、双方が目指している問題解決に繋がらないような関係だったとしても、その関係の中に身を置くことによってお互いの存在価値を確認し合うものになっているため、その関係から容易に抜け出すことができないものであると考えられる。

（５）ＡＣＴとは、精神障害がある人を地域の中で支援するために考えられたものである。①希望する生活を地域社会の中で実現し、生活を楽しめるように支援するために、生活維持のための買い物や金銭管理、身だしなみなど、身の回りに関する支援をする。また、症状のコントロールや服薬管理の支援、生活のスキルトレーニングなどを多職種チームによって行う。②頻回の住宅訪問などアウトリーチ（訪問）を主体とする。訪問先は、自宅だけではなく、生活を維持し、楽しむための工夫をともに行うために、利用者が普段利用するスーパーマーケットやファストフード店などにも利用者と同行する。③精神科医、カウンセラー、看護師、ソーシャルワーカー、作業療法士、就労支援の専門家などの多職種がチームとなり、それぞれの専門に応じた支援を行う。④二四時間、週七日対応が原則である。危機介入も行う。夜間は電話相談を中心とするが、必要と判断した場合は夜間訪問も行う。休日訪問も必要に応じて行う。入院を極力回避して地域生活が維持できるように努めるため、精神科救急外来を利用することもある。入院治療が必要だと判断された場合は、利用者にそのことを納得してもらい、退院後に向けての支援のための病棟訪問を行う。⑤ケアマネジメントを基本とする。利用者との関係を構築しながら、利用者の希望を実現する方法を話し合い、その希望に向けてともに計画を立て、実際にやってみて振り返り、次のことを考えるという流れの支援を展開するものである。（伊藤、二〇一二）

（6）オープンダイアローグとは、一九八〇年代にフィンランド・西ラップランド地方にあるケロプダス病院精神科で開発・実践されてきたものであり、主に発症初期の統合失調症患者への治療的介入手法だといわれている。斎藤によると、オープンダイアローグは、患者と医療チームとの対話を大事にしているものであり、「家族療法、精神療法、グループセラピー、ケースワークといった多領域にわたる知見や奥儀を統合したような治療法である」（斎藤、二〇一五：一四）といわれている。また、「苦境に陥った当事者やその家族が精神医療システムに助けを求めたら、専門家チームが二四時間以内に、それもできるだけ迅速にミーティングを行うこと。そして、ケースに関係する会話や決定が、患者やその社会的ネットワーク側のいないところでなされないこと」（斎藤、二〇一五：一五〇）が約束されているものである。本人のいないところで、本人に関する情報を交換したり、支援を組み立てたりしないということである。

### 引用文献

伊藤順一郎（二〇一二）『精神科病院を出て、町へ――ＡＣＴがつくる地域精神医療』岩波書店
小瀬古信幸（二〇一九）『精神疾患をもつ人を、病院でない所で支援するときにまず読む本』医学書院
斎藤環（二〇一五）『オープンダイアローグとは何か』医学書院
渡邊敦子（二〇一七）「薬物依存症患者に対する訪問看護は「イネイブリング」なのか」『精神科治療学』第三二巻第一一号、一四三九‐一四四三頁
吉岡恒生（二〇一〇）「子どもを援助する者の心の傷とその影響」『治療教育学研究』第三〇輯、一一三‐一二一頁

# おわりに

まず、大切な語りを聴かせてくれた人々に感謝したい。私は、あなたたちが伝えたいと思った言葉を紡ぐことができただろうか。語りの中で語ってくれた「家族」はあなたたちにとって苦しくもあっただろうが、対話が進むにつれ、家族への温かさを取り戻していったようにも感じられた。「家族を超えていく」ということは、家族のいいところも悪いところも、いったん自分の中に入れ、恨んだり感謝したりしながら整理し、それらを統合していくことだったのではないかと思った。家族を超えるためには、支えてくれる多くの他者と関わり合いながら、語り合いながら、家族に対する許しがたい思いや憎しみが少しずつ溶けていくという長い作業が必要だったのかもしれない。さて、私はというと、私自身もあなたたちと関わり合いながら、語り合いながら、原家族との思い出の中に、たくさんの楽しかった出来事がよみがえってくるのを感じていた。家族は難しい。だけど、やはり愛しいものだということを思い出させてくれたことに感謝したい。

また、足りない部分もたくさんあったとは思うが、この本を読んでくださった方々が、精神障害がある人やその人を支える援助者が生きている世界を少しでも知ってくだされば、こんな嬉しいことはない。精神障害に対する差別や偏見は、精神疾患の症状やその人が生きている世界を「知らないことから起こる」と私は考えている。彼らが語ってくれたことが、精神障害がある人への深い理解に繋がり、意味のない差別や偏見がなくなってくれることを願っている。この本で語られた壮絶ともいえる彼らの言葉をそのまま記述することに対して、私自身がかなり悩んだことは確かである。しかし、語りを聴かせてくれた人々と話し合う中で、その悩みは私の驕りでしかないと気づかされた。彼らが私に託した物語である限り、「人が生きている現実」をそのままに記述することに「ためらい」があってはならないのだ。どの障害でもそうだが、障害は差別や偏見の対象ではなく、「理解の対象なのだ」ということを忘れてはならない。

エピソードを含め、語ってくださった多くの方々がここで紹介することを快く承諾してくれたのは、現在は、大変だったときを乗り越えて自分の人生を生きようとしているということ、そして、一番大きな理由はその当時の自分を振り返ってみたいということだった。そして、ご家族の方々も、「あのときの、あの場所で、子どもや親は何を思っていたのだろうか、何を感じていたのだろうかを、この本を通じて知りたい」とおっしゃっていると聞いた。

彼らが語ってくれた内容や情報については、個人が特定できないように細心の注意を払って要旨がそこなわれないように加筆・修正したが、その中で語られた彼らの言葉はそのままに書かせていただいた。

この本の執筆にあたり、掲載の許諾をいただくために、懐かしい方々に再びお会いすることもできたのは嬉しかった。そこで、新たに詳細を聴きなおさせていただいた方もおられたが、基本的には、実践の中で、ずっと書き続けていた分厚い報告書や逐語録を取り出し、読み返し、文章にしていった。そして、「あのときは、みんなが必死だった」「今はみんな笑えるようになって良かった」と思いながらも、その当時、うなだれたり、泣いたりしていた彼らの姿がよみがえってきて、何度もキーを打つ手が止まった。その当時の彼らの姿を思い出しながら、私も涙が出てくることもあり、執筆がスムーズに進んだとはいえない。ただ、語ってくれた彼らやご家族のためにも、途中でやめるわけにはいかないという思いで、書き終えることができた。

今から思えば、彼らと過ごした数年間はあっという間の出来事だったような気がする。その中で、いいことや悪いこと、しんどいこともたくさんあった。しかし、それを、なんとか乗り越え、乗り越えしながら、彼らが「自分の人生を取り戻し、自分らしく生きていこう」と前に進んでいく姿を見ることができたのは本当に嬉しいことだった。

しかし、今もなお、その途上にいる多くの人たちがひっきりなしに私の面談に訪れている。私は「援助に繋がったんだもの。きっとなんとかなる」という希望をもちながら、彼らの語りを聴かせてもらっている。

ただ、一つだけ、今後の課題として考えていかなくてはならないことがある。それは、私の面談の中で語られたことが、彼らの世界のすべてを表しているわけではないということである。ある面談に来てくれる女性が、「私、実はこんなところもあるねん。ごめんね」と笑いながら、首をすくめたことがある。彼女は面談の中でいつものように、自分の症状の苦しさや日々の困難について語ってくれていたのだが、私が何気なく「何か趣味はないの？」と聞いたときに「編み物大好きなの。すごい、楽しくて。面白いよ」と言い、そのすぐ後に「私、実はこんなところもあるねん。ごめんね」と言ったのだ。なぜ彼女は私に謝らないといけないと思ったのだろうか。私はすぐにその真意を理解し、落ち込み、彼女に対して申し訳ない思いでいっぱいになった。

先日、成田善弘先生と、この話をしていたときに、成田先生が「そういうことはありますね。夢分析においても、ユング派の患者はユング風の夢をみて、フロイト派の患者はフロイト風の夢をみると昔から言われていますからね」とおっしゃったとき、彼らは、もちろん、私に聴いてもらいたいことはあるのだろうが、その一方で、面談の中で期待されていると感じている「語り」を語らなくてはいけないと思っていたのかもしれない。彼らに被援助者役割を意識させていたとすれば、彼らが生きる世界のすべてを聴いていなかったのではないかと反省している。

私のところに訪れる人々のすべてがそうだとは思わないが、面談やカウンセリングの場においてはこういったことがありがちなものだとすれば、今後は面接のかたちや方法を工夫していかなければならないと思った。私はできるだけ、彼らの症状の「苦しさ」や「生きにくさ」に焦点を当てた面談ではなく、彼らの生活の中での「楽しさ」や「喜び」を聴こうとするのだが、それでも限界はあるのだと思わされた体験だった。障害はその人の一部であって、すべてではない。その人の生活全体から、障害を見ていかなければ、その人の「困難」は見えてこないからだ。

あるとき、職員さんにある人の通院同行に連れていってもらったことがある。ちょうどお昼の時間だったので「何か食べて帰ろう」という話になり、その人の好きなお寿司を食べに行くことになった。その人は、私との面談では常に「幻聴に苦しめられて生きていくのもしんどい」と語っていたので心配していたのだが、店でお寿司を食べている途中で「ごめん。ごめん。幻聴、聴こえてきた。ちょっと車の中で（幻聴を）落ち着かせとくから、先に食べといてね」と言い残し、席を立った。職員は何もなかったように「じゃあ、先に食べとくね」と言い、食事を続けた。しばらくして戻ってきたその人に職員は「どう？　食べられそう？」と聞いたのだが、その人は「いつまた（幻聴が）来るかわからんから、いまのうちやな（笑）。早く食べてしまうわ」と笑いながら食事を続けたので、私は少し驚いた。職員に「こういうことはよくあるの？」と聞くと、「上手に幻聴と折り合いを付けながら、外食も楽しんでおられますよ」と答えたので、面談室だけでは、その人のそういう面はわからなかったなと思った。こうして、通院同行やご飯を一緒に食べることによって、彼らの異なる側面が見えることがあるのだということを知った。

このことから、これからは面談室という場所だけにこだわらず、少し外に出てもいいなと思っている。たまには、彼らの生活の場で一緒に何かをしながら話を聴かせてもらうことも大切なことだと感じた。彼らに被援助者役割を意識させず、いろいろな場所での彼らの姿を見せてもらうことによって、また違った援助も可能になるのではないかと思っている。

最初は、援助者たちと一緒にコミュニティ支援の重要性について書こうと考えていたが、彼らは日々の援助に多くの時間を費やしており、書く時間を確保することができなかったため、「語り」を中心にし、私一人で書くことになった。あなたたちの、援助を必要とする人々への思いがきちんと言葉にできていれば嬉しい。

西成の援助者たちは、今日も、そこに援助を必要とする人がいれば、焼けつくような太陽の下であろうと、日除け帽を深くかぶり、たくさんの支援計画資料を詰め込んだ大きなリュックサックを背負い、何も気負わず、西成の町を自転車で走り抜けている。私もそうありたいと願いながら、これからも、気負わず、たおやかに、私のところに来てくれるたくさんの人の語りを聴いていきたいと思う。

最後になるが、精神障害がある人の語りを本にまとめているというお話をしたときに、序文を書いて下さるという嬉しいお言葉をいただき、また本著の原稿を通読し、精神医学的な観点からの助言や励ましをくださった成田善弘先生に心からお礼を申し上げたい。そして、長きにわたって「人の語りを聴く姿勢」をご指導いただいている立命館大学の森岡正芳先生に深く感謝したい。最後に、こちらも長い付き合いになる創元社の吉岡昌俊さんには企画から出版までお世話になった。心から感謝している。

二〇二二年七月　真夏の西成にて

山本智子

## 著者紹介

### 山本智子（やまもと・ともこ）

奈良女子大学大学院博士後期課程社会生活環境専攻修了。博士（社会科学）。臨床発達心理士・公認心理師。現在、近畿大学教職教育部教授。大阪市西成区にある障害者施設でスーパーバイザーを務める。東大阪市留守家庭児童育成クラブ職員総合研修講師。大阪府放課後児童支援員等研修講師。主な著書に『発達障害がある人のナラティヴを聴く』（単著、ミネルヴァ書房、2016）『学校を生きる人々のナラティヴ』（編著、ミネルヴァ書房、2019）『発達障碍のある人と共に育ちあう』（共著、金芳堂、2020）『ロールプレイで学ぶ教育相談ワークブック　第２版』（共著、ミネルヴァ書房、2019）『学校現場にいかす特別支援教育ワークブック』（共編著、ミネルヴァ書房、2020）他がある。

「家族」を超えて生きる
西成の精神障害者コミュニティ支援の現場から

二〇二二年一二月二〇日　第一版第一刷発行

〈著　者〉山本智子
〈発行者〉矢部敬一
〈発行所〉株式会社 創元社
本　社　〒五四一－〇〇四七　大阪市中央区淡路町四－三－六
電　話　〇六－六二三一－九〇一〇(代)
ＦＡＸ　〇六－六二三三－三一一一(代)
東京支店　〒一〇一－〇〇五一　東京都千代田区神田神保町一－二
田辺ビル
電　話　〇三－六八一一－〇六六二(代)
https://www.sogensha.co.jp/
〈印刷所〉株式会社 太洋社

装幀・本文デザイン　野田和浩
©2022 Printed in Japan
ISBN978-4-422-11788-1 C0011
〈検印廃止〉
落丁・乱丁のときはお取り替えいたします。